Joh. W. Matutis

# Wiedergeburt

Joh. W. Matutis

# Wiedergeburt

## Das wahre Leben

**Fromm Verlag**

**Imprint**
Any brand names and product names mentioned in this book are subject to trademark, brand or patent protection and are trademarks or registered trademarks of their respective holders. The use of brand names, product names, common names, trade names, product descriptions etc. even without a particular marking in this work is in no way to be construed to mean that such names may be regarded as unrestricted in respect of trademark and brand protection legislation and could thus be used by anyone.

Cover image: Vom Autor bereitgestellt

Publisher:
Fromm Verlag
is a trademark of
Dodo Books Indian Ocean Ltd. and OmniScriptum S.R.L publishing group

120 High Road, East Finchley, London, N2 9ED, United Kingdom
Str. Armeneasca 28/1, office 1, Chisinau MD-2012, Republic of Moldova, Europe
Managing Directors: Ieva Konstantinova, Victoria Ursu
info@omniscriptum.com

Printed at: see last page
**ISBN: 978-620-2-44062-2**

Copyright © Joh. W. Matutis
Copyright © 2025 Dodo Books Indian Ocean Ltd. and OmniScriptum S.R.L publishing group

Joh. W. Matutis

**Wiedergeburt**

Das wahre Leben

PREDIGTSAMMLUNG

**Band 7**

Fromm Verlag

# INHALTSVERZEICHNIS

EINLEITUNG

## für die Verwendung des Materials der Predigtsammlung

### Zum Studium

**Ich empfehle**, die angegebenen Schriftstellen nachzuschlagen und nachzulesen, um sich so gründlich in die Materie einzuarbeiten und zu vertiefen. Das Buch besteht aus drei Teilen und ist nicht in chronologischer Abfolge verfasst. Das geschriebene Wort wurde, gleich dem gesprochenen, kurz, prägnant und bündig notiert.

**Die dem Wort Gottes entnommenen Schriftstellen** sind fett markiert und unterstrichen dargestellt. Schriftstellen, die nicht fett markiert, aber unterstrichen dargestellt sind, wurden zwar nicht gepredigt, aber der Vollständigkeit halber hinzugefügt. Es können aber auch einfach nur Wiederholungen sein.

**Kursiv dargestellte Texte** sind Zitate, die entweder auf das Wort Gottes zurückzuführen sind oder die Liedtexten, Sinnsprüchen bzw. Lebensweisheiten entnommen wurden. Dasselbe gilt für die in Klammer aufgeführten Bemerkungen, insbesondere für die Predigthinweise.

**Dieses Material ist urheberrechtlich geschützt.** Verwendung, Vervielfältigung o. Ä. ist deswegen nur mit Erlaubnis des Urhebers möglich. Zu diesem Zweck senden Sie mir bitte eine kurze Mitteilung an die folgende E-Mail-Adresse: pastor@matutis.de.

**Wenn Ihnen der Inhalt gefallen hat**, empfehlen Sie bitte dieses Buch an Ihre Freunde und Bekannten weiter und helfen Sie mit, das Evangelium zu verbreiten. Vielen Dank!

**Und nun wünsche ich Ihnen viel Freude** und geistlichen Gewinn beim Lesen dieser Lektüre.

Ihr Joh.W.Matutis

**www.nnk-berlin.de**

**Teil 1**

Predigt von Pastor Joh. W. Matutis

**„Lebe das andere Leben"**

Lebe das andere Leben

Dankeschön! *„So wie ich bin, so darf ich zu Dir kommen!"* Der Heiland verwandelt mich! Dann darf ich sagen: „Kinder, ich hatte zweimal Geburtstag im Laufe der Jahre. Einmal, als ich natürlich geboren wurde, und einmal, als ich die Wiedergeburt erfuhr!" Darüber verkündige ich. Mein heutiges Thema lautet: Lebe das andere Leben, oder besser ausgedrückt, lebe das ausgetauschte Leben. Lebe also nicht nur das normale Leben, sondern auch das geistliche, ungewöhnliche Leben. So viele Menschen führen ein Raupendasein. Sie krabbeln und fressen Kraut. Sie bleiben irdisch, kommen nicht hoch usw. Dann verpuppt sich eine solche Raupe in einen Kokon und nach einer gewissen Weile entsteht ein Schmetterling, ja, ein kleiner, bunter Falter! Gott will, dass wir ein Leben gleich der Schmetterlinge führen, sodass wir höher gelangen, andere Dimensionen bzw. ein anderes Lebensniveau erreichen, was das auch immer für dich bedeutet.

Paulus sprach, was nachfolgend geschrieben steht: **Ich lebe, doch nun nicht ich, sondern Christus lebt in mir (Gal 2,20a).** Gemeint ist der Messias und Heiland, von dem wir die ganze Woche sprachen. Wir haben also ein doppeltes Leben, denn ich lebe im Fleisch und im Geist. Das sind zwei verschiedene Stiefel. Wir haben noch ein anderes Leben. Das fand durch die Wiedergeburt statt. Das ist das ewige, bleibende Leben, das Leben bei Gott oder aus Gott heraus. Die Bibel spricht von einer neuen Schöpfung. Das Weizenkorn fällt in den Erdboden und entwickelt sich, wie geschrieben steht, siehe hier: <u>Wahrlich, wahrlich, ich sage euch: Wenn das Weizenkorn nicht in die Erde fällt und erstirbt, bleibt es allein;</u> **wenn es aber erstirbt, bringt es viel Frucht (Joh 12,24).** Was ist so ein Körnchen? Gar nichts, zunächst einmal. Doch daraus entwickelt sich eine Blume, eine Frucht, ein Baum o. Ä. Das ist das andere Leben; das Leben im Geist. Gott will, dass wir dieses Leben in einer anderen Dimension weiterleben! Es ist das Leben, welches uns Jesus verlieh, und es bewirkt, dass uns der Heilige Geist am Leben erhält! Das ist das neue, uns vom Herrn zugetragene Leben. Mache dir das bewusst! Ich muss den vielen Menschen immer wieder erklären, was Wiedergeburt ist, denn die meisten Menschen glauben, es wäre Reinkarnation. Aber Wiedergeburt ist nicht Reinkarnation in dem Sinne, dass ich einst wieder auf diese Erde zurückkomme. Ich erinnere mich an eine Situation, da ich mich in Kalkutta vor der „Death clinic" von Mutter Teresa befand. Ich wollte einem armen Bettler, der sich an der Pforte aufhielt, einen Dollar geben. Doch er wehrte ab und rief mehrmals die Worte aus: „Nein, bitte nicht!" Ich fragte meinen Begleiter das Folgende: „Warum echauffiert er sich so? Ich will ihm doch nur etwas Gutes tun!" Er sagte: „Ja, ich weiß, aber er befürchtet, dass du sein Karma zerstörst. Falls er, aus dem Jenseits zurückkehrend, sein Karma nicht aufgearbeitet hat, muss er – so glaubt er – ein Dasein als Maus, Ratte oder als irgendein anderes Tier fristen." Viele Leute denken, dass Reinkarnation die Wiedergeburt bedeutet. Wenn du manche Leute fragst, teilen sie dir das Folgende mit: „Ja, ich bin auch wiedergeboren. Ich hatte einmal ein früheres Leben. Ich erinnere mich sogar noch daran!" Das ist Unfug! Reinkarnation stammt aus dem Hinduismus und ist nichts anderes als ein Wahn, nämlich etwas, was man sich einredet und einbildet.

Die Bibel offenbart uns den Weg zu Sterben, wie folgt: Es steht geschrieben: **<u>Und wie den Menschen bestimmt ist, einmal zu sterben, danach aber das Gericht (Hebr 9,27).</u>** Daraufhin folgt die Auferstehung, nicht die Reinkarnation. Das ist hinduistisch, und es ist sogar ein Aberglaube! Es ist Unfug, wenn sie sagen: „Ich komme als ein Schmetterling oder als irgendetwas anderes wieder zurück. Mal sehen!" Vergiss es! Das ist töricht! Im Buch der Weisheit ist verfasst, was nachfolgend geschrieben steht: **<u>Denn Gott hat den Tod nicht gemacht und hat keine Freude am Untergang der Lebenden (Weish 1,13 EU).</u>** Gott schuf den Menschen zur Unvergänglichkeit und verlieh ihm Sein Bild sowie das ewige Wesen. Durch den Neid Satans kam der Tod in diese Welt. Dadurch erfahren ihn alle Menschen, weil sie ihm angehören und an Satan glauben: „Ja, ich muss zum wiederholten Male wiederkommen!"

Ich lebe jetzt, heute und hier schon das neue Leben aus Gott! Ich bekam das natürliche Leben von meiner Mutter. Durch die Zeugung wurde ich das, was ich wurde. Das suchte ich mir nicht selber aus. Niemand stellte mir die Frage: „Willst du auf diese Welt kommen?" Aber nun als Kind Gottes, als ein wiedergeborenes Geschöpf, sage ich: „Ja, ich will das Leben mit Gott!" Ich lebe jetzt bewusst. Und das ist auch mein heutiges Thema: „Lebe ein anderes Leben!" Lebe das bewusste Leben! Jakob Böhme, ein Mystiker aus Görlitz, sprach einmal die folgenden Worte aus: *„Wer nicht stirbt bevor er stirbt, der verdirbt, wenn er stirbt."* Das muss man sich nur einmal „auf der Zunge zergehen lassen". Wer an Jesus glaubt, der stirbt in dieser Welt, d. h., er wird von dieser Welt abgeschrieben. Die Leute wollen mit Ihm nichts mehr zu tun haben. So jemand wird mit Christus gekreuzigt. Wir werden alle miteinander gekreuzigt! Das ist der normale Weg eines Sterblichen. Ich muss alles daran setzen und alles hingeben. Betrachte, was Jesus zu dem reichen Jüngling sprach. Es steht geschrieben: **Jesus sprach zu ihm: Willst du vollkommen sein, so geh hin, verkaufe, was du hast, und gib's den Armen, so wirst du einen Schatz im Himmel haben; und komm und folge mir nach! (Mt 19,21)** Das ist der Weg, den die Bibel lehrt. Im Anschluss daran legte Er ihm das Folgende nahe: *„So wirst du einen Schatz im Himmel haben."* Die Wiedergeburt ist ein Geschenk des Himmels! Der Glaube an Gott macht uns lebendig und gibt uns das ewige Leben. Der Glaube allein reicht. Jesus sprach, was nachfolgend geschrieben steht: **Wer an den Sohn glaubt, der hat das ewige Leben (Joh 3,36a).** Nicht der Glaube an Buddha, Konfuzius oder an das Nirwana ist hier gemeint, sondern der an Jesus. Der Glaube an den Herrn Jesus Christus überwindet den Tod, d. h., ich kann loslassen, aufgeben und verzichten. Ich kann meine Sterblichkeit überwinden, indem ich mein Leben gar nicht mehr so wichtig nehme. So viele Menschen nehmen ihr Leben noch so wichtig. Sie glauben an ihre Inkarnation: „Ich muss mich anstrengen, damit ich im zukünftigen Leben, gleich dem Bettler in Kalkutta, ein anderes, neues und besseres Leben habe, qualifizierter bin usw. Sie rufen aus: „Ja, ich muss mich qualifizieren!" Nein! Ich muss mich überhaupt nicht qualifizieren! Mich qualifiziert der Glaube an Jesus Christus. Reinkarnation hat nichts mit dem christlichen Glauben zu tun! Es ist ganz eindeutig für mich eine infame Lüge Satans. Die Wiedergeburt darf ich jetzt erleben. So wie ich natürlich geboren bin, muss ich im Geist geboren werden; meine Seele muss neu geboren bzw. neu geschaffen werden. Das muss ich selbst erfahren haben, und zwar zu Lebzeiten. Wenn ich gestorben bin, dann ist alles zu spät. Ich muss jetzt schon den Todesgeist überwinden.

*„So wie ich bin, so darf ich sein."* Das wurde uns vorhin durch ein Lied zugetragen. So wie ich natürlich geboren bin, muss ich auch geistlich Werden. Etwas ganz Neues ist im Entstehen. Das Samenkorn fällt in die Erde, muss eine Weile ruhig sein und sich still verhalten, und im Anschluss daran geht es auf. Dann wird es eine Pflanze und bringt ewiges Leben, mehr Frucht und mehr von dem, was Gott schuf. Bei der Wiedergeburt – das sei nur als Beispiel erwähnt, denn ich will dieses Thema aufarbeiten – verändert sich mein Körper nicht. Als ich damals getauft wurde, dachte ich, dass ich jetzt fromm wäre und nun scheinen und strahlen würde. Nein! Ich blieb ganz normal, aber meine Seele veränderte sich. Meine Einstellung und mein Verhalten wurde anders. Äußerlich blieb ich wie zuvor, doch ich wurde innerlich umgepolt. Ich entschied mich, ein anderes Leben zu leben: „Ich will jetzt nicht mehr nur materialistisch denken, sondern geistlich-göttlich." Bei der Wiedergeburt löste ich mich von meinem angeborenen Leben. Als ich zur Welt kam, musste ich annehmen, was ich bekam: die Familie, die Sprache, die Hautfarbe, mein Äußeres u. v. m. Ich wurde in ein System hineingeboren. Aber jetzt kann ich aus diesem System ausbrechen. Das bedeutet, die Wiedergeburt erlebt und erfahren zu haben. Ich will mich noch deutlicher ausdrücken, damit du es verstehst. Wenn du wissen möchtest, was die Wiedergeburt ist, so lies, was nachfolgend geschrieben steht: **Jesus antwortete und sprach zu ihm: Wahrlich, wahrlich, ich sage dir: Wenn jemand nicht von Neuem geboren wird, so kann er das Reich Gottes nicht sehen (Joh 3,3).** Ich lebe nicht mehr für den Materialismus und für das Sichtbare, sondern ich

lebe jetzt auch für das Unsichtbare. Das ist der wesentliche Unterschied. Ich muss nicht warten, dass ich mich innerhalb meines Karmas besser entwickle und irgendwie zu einer höheren Stufe aufsteige. Ich schaue nicht nach unten, sondern durch Jesus Christus schaue ich jetzt nach oben. Von dort kommt mein Heil, von dort kommt meine Hilfe, nicht etwa andersherum, sodass ich mich hocharbeite und empor entwickle. Ich kann mich nicht selbst an meinem Schopf hochheben und sagen: „Ich hebe mich allein in den Himmel!" Nein! Das muss jemand anderes schenken, geben und bewirken!

Die Seele des Menschen ist unsterblich, doch solange sie im Körper ist und ohne Gott lebt, ist sie sterblich. Die Seele kann nicht sterben. Die Persönlichkeit wird zerstört, wenn ich sterbe, und dann bin ich nicht mehr. Doch wenn ich aus dem Geist Gottes heraus geboren bin, dann bin ich eine neue Kreatur bzw. ein neues Geschöpf. Wir Christen glauben auch nicht an Seelenwanderung, was das auch immer sein soll, vielleicht, dass die Seele von einer Phase zu einer nächsten gelangt. Nein, wir sind eine neue Schöpfung. Entweder wir fahren in den Himmel oder in die Hölle. Nur diese beiden Möglichkeiten gibt es, denn „Wie der Baum fällt, so bleibt er auch liegen" (s. Pred 11,3). Wiedergeburt ist eine Entscheidung des Geistes, meines Geistes, meiner Seele und meines Willens, die wie folgt lautet: „Ich will in diesem Körper so leben, wie es Gott wollte." Das sagt die Seele. Darum nimmt sie Jesus an und akzeptiert Ihn. Das ist der einzige Schritt, den ich tun kann für meine Seligkeit. Alles andere macht der liebe Gott, der Heilige Geist und der Herr Jesus Christus. Wiedergeburt ist ein Umdenken in meinem Unterbewusstsein. Dabei hilft mir der Heilige Geist sowie die Bibel, das Wort Gottes. Das natürliche Leben ist viel zu kurz, um richtig auszuleben und zu genießen. Deshalb brauche ich die Ewigkeit. Weil ich glaube, darum lebe ich in alle Ewigkeit, und zwar deshalb, weil ich diesen Glauben annahm. Ich fahre fort und werde versuchen, ein paar Gedanken darüber weiterzugeben: Das menschliche Leben ist so vergänglich, siebzig Jahre, achtzig Jahre, und dann war es Mühe, Arbeit und Plage. Mein Glaube gibt meinem Leben eine neue Dimension. Indem ich an Jesus Christus glaube, lebe ich. Jesus sprach, was geschrieben steht, siehe hier: **Wer an mich glaubt, der wird leben, ob er gleich stürbe; und wer da lebt und glaubt an mich, der wird nimmermehr sterben. Glaubst du das? (Joh 11,25b-26)** Diese Worte ließ Er der Marta zuteilwerden nachdem Er den Lazarus auferweckte. Er wird leben, obgleich er stürbe! Deshalb ist die Wiedergeburt eine lebenswichtige Notwendigkeit für uns, und eine Voraussetzung für das ewige Leben! Apostel Paulus tat kund: *„Ich glaube, darum rede ich"*, und auch, „ich rede, weil ich glaube" (s. 2 Kor 4,13). Wer die Wiedergeburt nicht erfuhr, ist nicht mehr wert als ein Stück Vieh bzw. ein Stück Material. Wir müssen diese Wiedergeburt erlangen, denn sie ist dann die Endgültigkeit. Wer einmal geboren ist, der lebt! Nachdem ein Baby geboren wurde, lebt es, selbst dann, wenn es schwach, zerbrechlich oder kränklich ist; ja selbst auch dann, wenn es unterentwickelt ist. Der Mensch, wenn er die Wiedergeburt erfuhr, so, wie die Bibel es lehrt, lebt, auch wenn er noch nicht vollkommen ist. Aber er ist auf dem Weg des Lebens.

Die Frage ist: „Haben wir das ewige Leben?" Ja, wir haben alle das ewige Leben. Die Frage ist nur, wo wir die Ewigkeit zubringen. Ich beerdigte einmal im Waldfriedhof Zehlendorf einen Freidenker und Freimaurer. Als der Sohn las, dass ich ein Pastor sei, rief er aus: „Um Himmels willen! Mein Vater wollte nicht von einem Pfaffen beerdigt werden!" Es blieb ihm nichts anderes übrig, als entweder selbst die Beerdigung abzuhalten oder zuzulassen, dass ich die Beerdigung übernehme. Ich sagte: „Lieber Herr, ich werde Ihnen nichts sagen, was Sie ohnehin nicht glauben. Ich werde logisch reden und von dem sprechen, was die Menschen zu jeder Zeit glaubten." Ich zitierte Goethes „Faust" und sprach die folgenden Worte aus: *„Unsere Tage können nicht in Ewigkeiten untergehen."* Im Anschluss daran kam der Sohn zu mir und fragte: „Herr Matutis, können Sie mir sagen, wo denn nun mein Vater ist, im Himmel oder in der Hölle?" Er wollte wissen, ob sein Vater in Frieden ruht. Meine Tage können nicht in Ewigkeiten untergehen! Wer nicht an Jesus glaubt, wird ewig leben, so jemand wird nicht sterben, sodass er vergeht, denn die Seele bleibt; die Frage ist nur, wo. Sie verbleibt entweder bei Gott oder bei Satan. Einer wird ihn kassieren.

Die Seele ist das, was das wirkliche Leben ausmacht. Sie besteht aus unseren Träumen, aus unseren Visionen, aus unseren Erinnerungen und aus der Persönlichkeit, also aus dem, was ich wurde. Die Seele ist unser Unterbewusstsein, der geistliche Bereich. Unsere Persönlichkeit, unser Charakter, das ist die Seele. Unsere Persönlichkeit wird einst nicht nur von unseren Ängsten und Problemen bestimmt, sondern davon, wie wir unsere Ängste und Probleme gemanagt und gelöst haben. Das ist das Ausschlaggebende! Ja, wie habe ich meine Fehler, mein Versagen, mein Zukurzkommen, meine Rebellion wider Gott aufgearbeitet? Du erlebst deine Seele im Schlaf, wenn du ehrlich und wahrhaftig bist. Der Herr gibt es den Seinen im Schlaf (s. Ps 127,2b). Wir begeben uns zur Ruhe, schlafen ein, und wenn wir morgens aufwachen, wissen wir meistens nicht, was wir nachts taten, außer vielleicht, dass wir schlecht schliefen. Die Seele schläft, gleich der Aussage Jesu bezüglich des Lazarus, die etwa so lautet: „Ach, kein Problem, Lazarus schläft nur" (s. Joh 11,11a). „Ja, wenn er schläft, dann wird es wohl besser mit ihm werden" (s. Joh 11,12). Doch Jesus sprach: „Nein, ich gehe hin und will ihn auferwecken" (s. Joh 11,11b). Jeder Mensch wird auferweckt werden. Die Frage ist nur, wann und wo. Und noch eine Frage gilt es zu klären: Wohin geht er denn nun als ein Auferweckter? Deshalb ist die Wiedergeburt, also dass du jetzt wiedergeboren bist, so wichtig. Jesus sprach, was nachfolgend geschrieben steht: **<u>Selig ist der und heilig, der teilhat an der ersten Auferstehung (Offb 20,6a).</u>** Die Wiedergeburt ist eine der ersten Auferstehungen, nicht erst nach dem Tod, sondern bereits davor! Ein wiedergeborener Mensch ist vom Tod zum Leben hindurchgedrungen! Im Schlaf macht die Seele vieles durch. Sie arbeitet die ganze Geschichte auf, die sich gestern und vorgestern ereignete. Der Körper funktioniert automatisch. Du atmest weiter, dein Kreislauf funktioniert. Alles funktioniert genauso weiter wie bisher, nur unbewusst.

Wir sind hier auf dieser Welt, um die Entscheidung für die Ewigkeit zu treffen, gleich Adam und Eva, die einst existierten. Sie mussten auch eine Entscheidung treffen, und zwar diese für oder gegen den Willen Gottes. Dazu sind wir da! Wir haben zwar keine Paradiesbäume mehr, von denen wir naschen dürfen, das stimmt, aber stattdessen gibt es die Wiedergeburt. Es steht geschrieben: <u>Sie sprachen: **Glaube an den Herrn Jesus, so wirst du und dein Haus selig! (Apg 16,31)**</u> Bei der Wiedergeburt brechen wir aus der Masse heraus. Wir entscheiden uns für Gott und wollen mit Ihm leben. Wir werden nicht auf Satan hören, sondern auf unseren himmlischen Vater. Wer wiedergeboren wird, „streift gleich einer Raupe den Kokon ab. Plötzlich wachsen Flügel an". Die Seele schwingt sich auf. Wir vergessen die Vergangenheit, obgleich wir „das Element der Raupe" immer noch in uns haben; ihr Wesen. Wir bleiben Menschen bis in alle Ewigkeit. Wir werden keine Götter, aber wir werden göttlich (s. 1 Mose 1,26a, 1 Mose 3,5). Das ist der Unterschied, nachdem an uns die Wiedergeburt vollzogen wurde. Es ist so wichtig, dass wir im Diesseits unsere Probleme lösen, die wir im Jenseits nicht mehr lösen können! Du kannst dich im Jenseits nicht mehr mit deinem Nachbarn oder mit deiner Nachbarin versöhnen. Du kannst keinen Frieden in deinem Herzen schaffen. Du kannst dieses und jenes nicht mehr. Ja, im Diesseits muss die Geschichte aufgearbeitet werden! Deshalb ist es so wichtig, dass wir uns, gleich der Raupe im Kokon, „verpuppen" und eine Phase der Stille haben, während dieser wir „in uns gehen", uns unsere Gedanken machen, um dann zum neuen Leben erweckt zu werden. Eine neue Geschichte und eine neue Biografie tritt hervor, obwohl wir rein äußerlich gleich blieben.

Lebe das Leben anderer Art. Stelle die Ordnung Gottes her. Das ist meine Botschaft. Das tatest du damals nicht, denn du lebtest so, wie dich deine Eltern und auch die Gesellschaft programmierten. Aber nun, nachdem du die Wiedergeburt erlebtest, wurdest du von Gott programmiert. Du bist zwar auf dieser Welt, aber nicht mehr von ihr (s. Joh 15,19). Du hast jetzt einen freien Willen. Du entschiedest dich. Du „stelltest deine Weichen" und bestimmtest den Kurs, den du exakt anpeilst: „Dort möchte ich in alle Ewigkeit hingelangen! Ja, ich möchte bei Gott sein für Zeit und Ewigkeit!"

*„So wie ich bin, so muss es sein".* Du kannst nichts an deinem vergangenen Leben verändern, aber an deinem zukünftigen Leben kannst du sehr viel verändern, indem du dein Leben Gott überlässt. *„So wie ich bin, so muss es sein".* Das ist ein Evangelisationslied, mit dem man Menschen zu Jesus ruft. Komm gleich so, wie du bist! Du musst dich nicht verbessern oder veredeln! Du musst keine Übungen vollziehen, welcher Art auch immer, sodass du ein neuer Mensch wirst. Gott macht aus dir einen neuen Menschen, aber zu Ihm kommen, das musst du selbst. Das ist deine Entscheidung.

Viele sind verwirrt, wenn man zu ihnen sagt: „Du musst von Neuem geboren werden." Ich werde nie vergessen, wie ich damals in Balingen am Bodensee evangelisierte. In einem Missionszelt sprach Gott zu mir: „Verschließe alle Eingänge und lasse nur einen einzigen offen." Ich sollte jede einzelne Person fragen, ob sie denn überhaupt schon wiedergeboren sei. Eine ältere Dame, die der dortigen Gemeinde zugehörig war, rief aus: „Ja, ich erfuhr die Wiedergeburt; ich singe im Chor." Ich erwiderte: „Ich fragte dich nicht, ob du im Chor singst, sondern, ob du wiedergeboren bist." Daraufhin sagte sie: „Ich zahle meinen Zehnten!" Ich erwiderte: „Ich fragte nicht, ob du den Zehnten zahlst, sondern, ob du wiedergeboren bist." Eine Weile ging es hin und her, solange, bis sie die Worte aussprach: „Du bist der Erste, der mir diese Frage stellt." So viele Leute, vor allem im baptistischen Kreis, fragen die zwölfjährigen Kinder: „Bist du schon getauft? Hast du dich noch nicht taufen lassen?" Die Taufe ist nicht der Wiedergeburt gleichzustellen! Diese hat eine Auswirkung auf unser neues Leben. Ich werde mit Christus begraben und im Geist, im Glauben sichtbar, aus dem Wasser emporgehoben, und ich bin daraufhin eine neue Kreatur in Jesus Christus. Aber die Taufe macht mich nicht selig, auch nicht, wenn ich mit ein paar Tropfen Wasser besprengt werde. Bei der Taufe ist nicht ausschlaggebend, wie viel Wasser vorhanden ist. Wichtig ist, dass du diese symbolische Handlung verstehst!, und dass du weißt: „Ich wurde begraben und ich auferstand durch die Gnade Gottes zu einem neuen Leben." Nachdem du wiedergeboren wurdest, „schreibst du eine neue Geschichte", getrieben vom Heiligen Geist, und das, alle Morgen neu. „Du schreibst deine eigene Bibel." Du rufst aus: „Das lehrte mich der Heilige Geist!" Ja, Er lehrt mich, wie ich Gott lobe, preise und gute Werke verrichte!" Du erlebst die guten Werke, aber zuvor erlebst du die Gnade Gottes. Die Wiedergeburt ist nichts anderes als ein Geschenk des Himmels. Viele Menschen haben die Wiedergeburt nicht erlebt, aber sie bilden es sich ein.

Nikodemus kam des Nachts zu Jesus. Das Wort des Herrn, welches gemäß der Überlieferung aus der Heiligen Schrift offenbar wurde und nachfolgend niedergeschrieben ist, lautet wie folgt: **Es war aber ein Mensch unter den Pharisäern mit Namen Nikodemus, ein Oberster der Juden. Der kam zu Jesus bei Nacht und sprach zu ihm: Rabbi, wir wissen, dass du ein Lehrer bist, von Gott gekommen; denn niemand kann die Zeichen tun, die du tust, es sei denn Gott mit ihm. Jesus antwortete und sprach zu ihm: Wahrlich, wahrlich, ich sage dir: Wenn jemand nicht von Neuem geboren wird, so kann er das Reich Gottes nicht sehen. Nikodemus spricht zu ihm: Wie kann ein Mensch geboren werden, wenn er alt ist? Kann er denn wieder in seiner Mutter Leib gehen und geboren werden? Jesus antwortete: Wahrlich, wahrlich, ich sage dir: Wenn jemand nicht geboren wird aus Wasser und Geist, so kann er nicht in das Reich Gottes kommen (Joh 3,1-5).** Er war schockiert, als Jesus zu ihm sprach: *„Wenn jemand nicht von Neuem geboren wird, so kann er das Reich Gottes nicht sehen."* Er erwiderte: *„Wie kann ein Mensch geboren werden, wenn er alt ist? Kann er denn wieder in seiner Mutter Leib gehen und geboren werden?"* Er dachte bei sich: „Soll ich denn wieder in den Bauch meiner Mutter zurückkehren und ein Embryo werden?" Viele denken, dass sie wieder ganz klein und von vorn beginnen müssen. Nein! Jesus sprach: „Du musst wiedergeboren werden aus Wasser und Geist", was das auch immer bedeutet. Ich lasse es einmal dahingestellt sein, denn das ist ein Thema für sich selbst. Ich wiederhole es noch einmal. Höre, was Jesus zu diesem Mann sprach: *„Wenn jemand nicht von Neuem geboren wird, so kann er das Reich Gottes nicht sehen."* Von Neuem geboren zu werden, das bedeutet, dass wir einmal zu einem Menschen durch die Schöpfung, also durch die Entwicklung im Mutterleib – in dem uns Gott wunderbar zubereitet hat (s. Ps 139,13-14a) – wurden. Nun aber sind wir selbst verantwortlich für das, was aus uns wird. Also nochmals: Nikodemus sprach zu Jesus: *„Wie kann ein Mensch geboren werden, wenn er alt ist?"* Ja, auch ein Hundertjähriger kann wiedergeboren werden. Das ist kein Kunststück. Er fragte: *„Kann er denn wieder in seiner Mutter Leib gehen und geboren werden?"* Was meint nun also Jesus mit der Wiedergeburt? Es steht geschrieben: **Wer an ihn glaubt, der wird nicht gerichtet (Joh 3,18a).** Jesus erklärt ihm: „Wer an mich glaubt, der wird nicht gerichtet" sowie: <u>Jesus spricht zu ihm:</u> **Ich bin der Weg und die Wahrheit und das Leben; niemand kommt zum Vater denn durch mich (Joh 14,6)**. Jesus ist der Weg zu Gott im Himmel. „Wer an mich glaubt", diese Worte sprach Er aus, *„der wird nicht gerichtet,* denn er ist schon gerichtet" (s. Joh 3,18a). Er ist schon gestorben. Er ist schon „verdammt". Er ist schon in der Ewigkeit. Er betrat schon den Thron Gottes. Er richtete sich. Denn wer sich selbst richtet, der wird nicht mehr gerichtet, wir nachfolgend geschrieben steht: *„Gott, sei mir Sünder gnädig!"* (Siehe Lk 18,13b) Das ist der Moment, da ich mich selbst richte und nicht etwa sage: „Ach, ich bin ja so gut! Danke, Herr Jesus, Danke Gott oder Danke Jehova!" Wer aber nicht an mich glaubt, der ist schon gerichtet, weil er nicht an den Namen des eingeborenen Sohnes Gottes glaubt. Die Wiedergeburt geschieht also dadurch, dass ein Mensch damit beginnt, an Jesus zu glauben und Ihn aufnimmt. Es steht geschrieben: **Wie viele ihn aber aufnahmen, denen gab er Macht, Gottes Kinder zu werden:** <u>denen, die an seinen Namen glauben **(Joh 1,12).**</u>

Was ist der Glaube? Es ist eine andere Weltsicht plötzlich. Du siehst Jesus. Du möchtest mit Jesus gehen. Du hast eine Entscheidung für Jesus gefällt. So wie sich der Mann für die Frau entscheidet und die Frau für den Mann – Willst du diesen Mann? Willst du diese Frau –, so entsteht ein Ehebund. Und jetzt entsteht hier ein geistiges Leben. Ich traf meine Entscheidung für Jesus. Ich nahm die Entscheidung vor und folge Jesus nach. *„Ich bin entschieden, zu folgen Jesus"* – dieses Lied sang einmal ein Inder. *„Die Welt liegt hinter mir, das Kreuz steht vor mir"*, ja, *„ich bin entschieden, zu folgen Jesus"* usw. Da wird man enterbt u. v. m. Das alles widerfuhr diesem Sikh. Er wurde zwar enterbt, doch er nahm alles in Kauf, weil er sich entschied, Jesus nachzufolgen. Es ist eine Entscheidung, ob man diesen Partner will oder nicht. Manchmal versteht man nicht, warum der Mann gerade diese Frau und die Frau gerade diesen Mann erwählt. Man kann es sich nicht erklären. Für die Liebe gibt es keine Erklärung. Für die Liebe unseres Herzens und unserer Seele zu Gott, gibt es keine Erklärung, also dafür, warum ich gerade Jesus gewählt habe. Adam, unsere Vorfahren, sündigten alle. Sie alle wurden zu Sündern. Aus dieser Sünde müssen wir heraus, und das kann nur durch die Aufnahme Jesu in unser Leben stattfinden. Dadurch wird „die Uhr auf die Stunde Null zurückgedreht". Wir wenden uns an Gott. Wir sind dann wieder bei Gott und fangen mit Ihm wieder ganz neu an, noch ohne Sünde, weil ich Vergebung aller meiner Sünden und Frieden mit Gott habe. Ich beginne mein Leben neu. Das ist die Wiedergeburt. Das ist mein Leben im Geist, im Glauben; mein inneres Leben wohlgemerkt. Mein äußeres Leben bleibt genauso, wie es war, denn ich muss arbeiten, essen, wirtschaften u. v. m. Das Leben geht weiter, aber ich habe ein anderes Herz. Das steinerne Herz wurde entfernt. Ich besitze nun einen anderen Geist, den Geist Gottes. Wenn ein Mensch Jesus aufnimmt, ihr Lieben, so nimmt er Gottes Leben in sich auf. Er empfängt das Gottes-Gen, welches der Mensch ohne Gott nicht hat. Ja, das Gottes-Gen! Er denkt wie Gott und er redet mit Ihm; auch wenn er nur mit sich selbst kommuniziert. Er spricht mit dem Universum. Wenn er *„in andern Sprachen"* betet (s. Apg 2,4), kommuniziert er mit dem Heiligen Geist. Stell dir nur einmal vor, was da alles geschieht. Er hat das Gottes-Gen in sich. Das alte Leben ist vorüber! Er ist frei von der Schuld, sobald er seine Sünden bekennt, auch wenn er im Gefängnis sitzt und als ein Verbrecher verurteilt wurde. Es steht geschrieben: **Wenn wir aber unsre Sünden bekennen, so ist er treu und gerecht, dass er uns die Sünden vergibt** und reinigt uns von aller Ungerechtigkeit **(1 Joh 1,9).** Das schrieb der Apostel Johannes. Auch sämtliche Fehlentwicklungen und Verstümmelungen, die in meinem Leben passierten, gehören dazu. Äußerlich mag sich bei mir nicht viel verändern, aber mein Inneres verändert sich radikal. Selbst wenn ich noch so töricht, ungebildet und einfach wäre. Selbst die Narren, so steht es in der Heiligen Schrift, können sich nicht irren, so einfach und simpel ist es. „Jesus, komm in mein Herz!" Du musst nur dieses Gebet sprechen, und du hast beinahe schon das Wunder der Wiedergeburt erlebt. Dann kommt Er und beginnt, in deinem Leben aufzuräumen. Dieses ganze Chaos bringt Er wieder in Ordnung nach und nach. In dem Moment, da du Jesus in dein Leben aufnahmst, begann deine Wiedergeburt. Lebe das neue Leben! Das ist meine Botschaft! Auf einmal hast du einen anderen Namen. Alle diese Menschen, wie z. B. Abraham und Sara, oder auch Petrus, und Saulus, der zu Paulus wurde, sie alle wurden umbenannt. In dem Moment, da der Herr in dein Leben kommt, bist du nicht mehr „Herr Matutis", sondern du erhältst einen neuen Namen. Dieser Name ist im Buch des Lebens registriert! Wir sollten uns darüber freuen, dass unsere Namen im Buch des Lebens registriert sind. Das ist die Wiedergeburt. Es ist nicht wichtig, ob du irgendwo bei einem Standesamt registriert bist. Wichtig ist deine Registrierung im Himmel, wie nachfolgend geschrieben steht: Doch darüber freut euch nicht, dass euch die Geister untertan sind. **Freut euch aber, dass eure Namen im Himmel geschrieben sind (Lk 10,20).** Freue dich darüber, dass du im Himmel bekannt bist! Du wirst umbenannt. Aus Abram wird Abraham (s. 1 Mose 17,5a), und aus Sarai wird Sara (s. 1 Mose 17,15). Alle Menschen, denen der Herr begegnete, wurden umbenannt; so auch du. Sobald du Jesus in dein Leben aufnahmst, bist du nicht mehr derselbe wie zuvor. Jesus sprach zu den Fischersleuten, was geschrieben steht, siehe hier: **Als er aber am Galiläischen Meer entlangging, sah er Simon und Andreas, Simons Bruder, wie sie ihre Netze ins Meer warfen; denn sie waren Fischer. Und Jesus sprach zu ihnen: Kommt, folgt mir nach; ich will euch zu Menschenfischern machen! (Mk**

**1,16f.)** Jesus sprach: „Derzeit bist du ein Fischer, aber ich will aus dir einen Menschenfischer machen." Das ist eine ganz andere Dimension deiner Arbeit und deines Dienstes.

Die Wiedergeburt ist so ein wichtiges Ereignis! Lebst du schon dieses neue Leben in Gott aus? Ein Wiedergeborener muss nur das neue Leben leben, mehr nicht. Er muss Essen, Trinken, Spaß-Haben, das neue Leben aus Gott genießen, großzügig sein, Liebe üben, den Herrn loben, danken, pfeifen, singen und in die Hände klatschen, sich in Gott freuen und diese Aspekte der Freude ausleben. Der Wiedergeborene ist etwas, was er vorher nicht war. Er ist „eine neue Ausgabe". Nachdem die Korrektur gelesen wurde, gibt es eine neue Ausgabe. Diese Person hat jetzt ein Bürgerrecht im Himmel, also nicht nur das für Deutschland, Europa oder für andere Länder. Er ist eine neue Kreatur. Der Glaube an Jesus Christus verändert eine Person auf ganz radikale Art und Weise, sodass man sie gar nicht mehr wiedererkennt. Deine Familienmitglieder, die mit dir zusammentreffen, sagen: „Tante" – oder Onkel –, „ich erkenne dich gar nicht wieder, denn du bist ganz anders. So kenne ich dich gar nicht! Jetzt bist du ruhig und konzentriert. Du rastest nicht mehr aus, so wie es früher immer war." So sollte es sein. Ich teile dir nur mit, wie ein wiedergeborener Christ sein sollte. Innerlich bin ich verändert, während ich äußerlich gleich bleibe. Äußerlich bin ich dieses oder jenes, so wie ich schon immer war. Viele suchen äußerlich perfekte Christen. Die gibt es nicht. Es gibt keine äußerlich perfekten Christen. Es gibt nur innerlich perfekte Christen, die nach dem Grundsatz heilig wurden, wie nachfolgend geschrieben steht: **Jagt dem Frieden nach mit jedermann und der Heiligung, ohne die niemand den Herrn sehen wird (Hebr 12,14).** Das ist ein Werden. Wir lesen manchmal in der Bibel so schnell darüber hinweg, was geschrieben steht, siehe hier: **Das bedeutet aber, wer mit Christus lebt, wird ein neuer Mensch. Er ist nicht mehr derselbe, denn sein altes Leben ist vorbei. Ein neues Leben hat begonnen! (2 Kor 5,17 NLB)** *„Darum: Ist jemand in Christus, so ist er eine neue Schöpfung"* (dto. s. SLT). Das ist nicht wahr! Das ist er nicht! Er ist zwar eine neue

Schöpfung, doch richtig übersetzt heißt es, dass ein Neues im Werden ist. Das bedeutet, dass etwas begann. Halleluja! Ich werde von Tag zu Tag erneuert! Von Tag zu Tag werde ich besser. So wie es sich bei der Geburt des irdischen Lebens verhält: Neun Monate muss ich im Mutterleib zubringen, bis ich mich entwickelt habe mit allem Drum und Dran. Zuerst kommt das Herzchen, und dann werden dem Menschen alle weiteren Organe hinzugefügt. Was nun in unserem Leben als Christen stattfindet, ist, dass wir zunächst einmal das göttliche Herz erhalten; das Herz Jesu! Halleluja! Daraus folgt, dass wir auch so wie Er gesinnt sind. Vom Herzen ausgehend entwickelt sich der neue Mensch Stück für Stück. Plötzlich haben wir ein anderes Verhaltensmuster. Es verändert sich. Ich muss manchmal vielleicht ein ganzes Leben daran arbeiten. Mein Herz arbeitet, solange ich lebe. Es ist nicht fertig. Erst wenn ich mein Leben ausgelebt habe, bleibt das Herz stehen; es hört auf zu schlagen. So ist es auch in der geistlichen Natur. Das Herz arbeitet, solang ich lebe, von der Stunde der Empfängnis an, bis zu meinem letzten Atemzug. Mein Herz, ja, ich bin begnadigt! Ich lebe aus der Gnade Gottes, aus Seiner Güte und aus Seiner Gunst heraus.

Was ist eigentlich Gnade? Gnade ist eine grundlegende Wahrheit des neuen Lebens. Fortwährend frage ich: „Lieber Gott, was ist Dein Wille?" und: „Dein Wille geschehe an mir, an meiner Umgebung, dort wo ich lebe!" Ich muss mich arrangieren. Wir Christen sollten uns viel mehr arrangieren mit unserer Umgebung und so sein wie Jesus, Ihn immer wieder praktisch ausleben. Ein Gebetsanliegen aus dem Vaterunser ist das wichtigste: „Herr, Dein Wille geschehe!" Ja, Dein Wille geschehe! Ständig frage ich: „Herr, was ist Dein Wille heute Morgen? Was ist Dein Wille heute Mittag? Was ist Dein Wille heute Abend?" Ich muss zu dem werden, was der Herr will das ich bin. „Herr, Dein Wille geschehe!" Mein Inneres wird vom Heiligen Geist unterstützt, den der lebendige Gott gab (s. Joh 14,26). Er hilft meiner Schwachheit, „das gute Land einzunehmen", das gute Leben auszuleben und das gute Leben zu genießen. „Was will mein Gott heute?" Will Er etwa, dass ich den ganzen Tag jammere? So viele Christen sind richtige Jammerlappen. Entschuldigung! Sie jammern von früh morgens bis spät abends. Der Spitzname der Deutschen ist, ein Dauerkritiker und Nörgler zu sein. Dieses ist nichts, jenes ist nichts, und das andere ist auch nichts. Verstehst du? Das Leben ist schön! Wir müssen nur das Leben aus Gott so nehmen, wie es kommt und das Beste daraus machen! Auch wenn es ein wenig schwer ist. Wir müssen die Probleme lösen! Dabei hilft der Heilige Geist, dass ich mit meinen Händen, mit meinen Füßen, mit meinem Kopf, mit meiner Zunge, mit meinen Augen und mit meinem Herzen die Probleme löse. Um das vollziehen zu können, brauche ich die Gnade Gottes. Die Gnade Gottes zieht mich immer wieder ein Stück weiter. Der Apostel Paulus sprach, während er mit sich rang und im Gebet flehte (s. 2 Kor 12,8), die folgenden Worte aus: „Herr, nimm diesen Stachel aus meinem Leib." Der Heilige Geist sprach: *„Meine Gnade muss dir genügen, denn meine Kraft ist gerade in den Schwachen mächtig"* (s. 2 Kor 12,9a NeÜ). Ohne der Gnade Gottes, ohne der Hilfe von oben passiert in meinem Leben nicht viel, aber sehr wohl dann, wenn ich es der Gnade erlaube. Weißt du, was Gnade ist? Stelle dir vor, du bist ein Gangster, ein Mörder oder ein Verbrecher. Du stelltest etwas Schlimmes an, aber nun kommt der Richter und spricht dich frei. Er sagt: „Sie sind begnadigt! Sie sind freigesprochen! Sie dürfen heimwärts ziehen!" Du hast etwas verbrochen. Du begingst Fehler. Aber nun bist du freigesprochen! Die Gnade ist ein geistlicher Vorgang. Du nimmst diese Freisprechung an, die da lautet: „Du bist eine neue Schöpfung. Das rechnen wir dir gar nicht mehr zu!"

Gott muss uns „die Tür öffnen", den Auftrag und „das grüne Licht" für unser Wollen, für unsere Ziele und für das, was passieren soll, erteilen. Der Herr muss uns begegnen – das ist die Wiedergeburt, diese neue Schöpfung aus Wasser und Geist. Ich muss diese Lust, diese Sehnsucht, das Begehren, diesen Trieb und das folgende Verlangen haben: „O Herr, ich möchte noch so viel von Dir! Es ist noch so viel „Land einzunehmen!" Ich lebe mein Leben, aber das ist längst nicht alles!" Manche fangen an, für Gott zu arbeiten und Ihm zu dienen. Sie gehen womöglich in die Mission. Heute müssen wir das nicht mehr unbedingt tun. In Berlin existieren über einhundertachtzig verschiedene Nationen mit mehr als fünftausend Volksangehörigen! 183 verschiedene Volksgruppen! Das Missionsfeld befindet sich direkt vor der Tür. Du musst sie nur öffnen, dann siehst du es. Denke daran: „Täglich muss ich begnadigt werden! Täglich muss ich meine Wiedergeburt festigen, denn ja, ich lebe!" Ein Baby schreit, wenn es auf die Welt kommt. Ein Zeichen der Wiedergeburt ist, ein Gebetsleben zu führen. „ … denn siehe, er betet … " (s. Apg 9,11b). Worte des Gebetes sprach dieser Knülch Saulus in Damaskus aus. Wenn du auf der Stelle beten und Zeugnis geben kannst, so ist das ein Zeichen, dass du lebst. Du bist dir selbst bewusst, was du zu tun hast, und, du tust es. Jeder Christ sollte – so lernten wir es auf der Schule – zu drei Sachen bereit sein: Er sollte bereit sein, sofort zu beten, sofort Zeugnis zu geben, und, wenn es sein muss, auch sofort zu sterben. Sind wir bereit, als Wiedergeborene so zu leben? Als Geschöpfe Gottes müssen wir aufstehen und unser Leben leben. Was sprach denn Jesus, als Er die Heilung vollzog? *„Ich sage dir, steh auf, nimm dein Bett und geh heim!"* (Siehe Lk 5,24b) Zu Hause wird das Christsein gelebt, nicht in der Gemeinde, in der Kirche oder anderswo. Ja, zu Hause!

Das göttliche Leben ist in uns. Das haben wir oder wir haben es nicht. Und das ist die große Frage: Hast du das Leben in Gott? Bis du Sein wiedergeborenes Kind? Dann können wir erst das richtige Leben leben! Dann entwickeln wir uns. Wir werden in Windeln gewickelt, gleich dem Herrn Jesus. Es steht geschrieben: **<u>Und Jesus nahm zu an Weisheit und Alter und Gunst bei Gott und Menschen (Lk 2,52).</u>** Je älter du wirst, je länger du mit dem Heiland lebst, desto fähiger wirst du für Gott. Du hast immer mehr Gemeinschaft mit Ihm und du hast immer mehr Gemeinschaft mit dem Vater, der Mutter, den Brüdern und den Geschwistern. Das ist so in der Familie. Und genau so verhält es sich auch auf geistlicher Ebene. Der wiedergeborene Mensch, der aus Gott geboren ist, macht einen Unterschied. Er lebt das Leben in Gott aus. Er ist sich dessen bewusst, dass Er gegenwärtig ist. In jeder Kleinigkeit ist der Herr gegenwärtig und präsent. Wir müssen Freunde und Partner Gottes sein und eine

Beziehung zu dem Herrn Jesus aufbauen. Das ist damit gemeint, die Wiedergeburt erfahren zu haben, und nicht etwa, ganz groß auf irgendein Missionsfeld zu ziehen. Der wiedergeborene Mensch ist ein Freund Gottes. Freunde sind manchmal nett, sie scherzen manchmal und verstehen Spaß. Du sagst: „Aber Bruder Matutis, wir müssen doch ernst sein!" Wir müssen ernst sein, das stimmt, aber ich darf auch meine Freude haben. *„Denn die Freude am Herrn ist eure Stärke"*, steht einmal in der Heiligen Schrift (s. Neh 8,10d). Ich darf lachen, tanzen, und, wenn es sein muss, sogar Purzelbäume schlagen. Ja, ich darf lustig sein! Habe deine Lust und Freude am Herrn, denn dann geht es vorwärts in deinem Leben (vgl. Ps 37,4). Das ist der Grund. Viele sind religiös. Sie glauben an Gott. Das tut Satan auch. Er glaubt auch an Gott. Aber lebst du auch mit Gott? Das ist die große Frage. Um anständig zu leben, müssen wir innerlich aufgeräumt sein und Frieden haben. Im Chaos – auf einem Misthaufen – kannst du dein Leben nicht gestalten. Nur in geordneten Verhältnissen ist das möglich. Wenn du ein Zimmer renovieren möchtest, ist es das Beste, dass du zunächst einmal alle Möbel sowie den Teppichboden ausräumst. Erst dann kannst du mit dem Streichen beginnen. Dann wirst du nichts verkehrt machen. Genau so verhält es sich geistlich. Wenn du ein neues Leben mit Gott anfangen möchtest, räume alles das, was früher war, aus. Vergiss das Alte und kehre um. Die Bibel lehrt uns diesen Weg. Kehre um, da ist Buße und Bekehrung, also nicht nur büßen, büßen, büßen und nochmals büßen. Nein, einfach umkehren und eine Wende in deinem Leben erleben. In dem Moment, da wir unsere Sünden bekennen, uns von der Sünde abwenden und mit ihr brechen, müssen die Dämonen gehen, weil sie keinen Einfluss mehr auf unser Leben haben. Dann kannst du gehen, ganz von vorn beginnen und neu anfangen, dekorieren, malern u. v. m. Nur so „gewinnst du die Schlacht". So viele Menschen taten nicht richtig Buße! Entschuldigung, doch sie kehrten nicht richtig um. Sie nehmen den alten Plunder ihres früheren Lebens mit und befinden sich im alten Trott.

Rebelliere nicht gegen dein Schicksal, gegen deine Bestimmung bzw. gegen dein Los. Alle Menschen haben irgendein Schicksal, irgendeine Vergangenheit, irgendeine

Geschichte. „Warum bin ich geboren? Warum zeugte mich mein Vater? Verflucht sei der Tag meiner Geburt!" Wenn du damit beginnst, den Tag deiner Geburt zu verfluchen, weißt du, was dann passiert? Dann geht es dir schlecht! Jeremia vollzog das. Ja, Jeremia, der weinende Prophet (s. Jer 20,14-18). Hiob verfluchte den Tag seiner Geburt auch: *Ausgelöscht sei der Tag, an dem ich geboren bin, und die Nacht, da man sprach: Ein Knabe kam zur Welt!"* (Siehe Hiob 3,1-3) Dann haderst du mit deinem Schicksal und mit deinem Leben. Was machte Hiob nicht alles durch, als er sprach: „Warum bin ich geboren?" Du musst mit der Rebellion aufhören. Das bedeutet, die Wiedergeburt erlangt zu haben. Du hörst damit auf, gegen den Herrn zu rebellieren. Rebelliere nicht wider das, was du erlebtest, denn gerade diese negativen Erlebnisse wollen dich zu Gott zurückbringen. Rebelliere weder gegen das, was du durchstandest, noch gegen das, was du gerade durchstehst. Viele Christen sind rebellische Menschen. Anstatt wiedergeboren zu sein, anstatt sich in die Hand Gottes fallen zu lassen und sich ihrem Schicksal zu ergeben, hadern sie damit. Das macht einen Menschen krank! Ein Wiedergeborener spricht: „Ja, Vater, Dein Wille geschehe." Manchmal müssen wir uns, gleich Jesus im Garten Gethsemane, dreimal durchringen: „Vater, nicht mein Wille, sondern Dein Wille geschehe!" (Siehe Mt 26,39.42.44) Gemeint ist der Wille, dass ich „zum Kreuz gehen" muss. Ich möchte vielleicht lieber im Garten Gethsemane sterben, denn da sind so schöne Olivenbäume. Und nochmals betete Er und endete mit den Worten: *„Aber nicht was ich will, sondern was du willst, soll geschehen."* (Siehe Mt 26,39b HFA) „Vater, nicht mein Wille, sondern Dein Wille geschehe!"

Wir möchten ein bequemes Leben haben. Es wäre natürlich das Schönste, gleich vor der großen Trübsal entrückt zu werden, denn das ist es, was viele Menschen glauben. Nein! Wir machen die ganze Trübsal durch. „Vater, Dein Wille geschehe!" Viele Menschen gaben sich noch gar nicht richtig dem Herrn hin. Warum? Ihr Stolz brach noch nicht entzwei! Ihr Wille zerbrach noch nicht! Sie ließen sich noch nicht „beerdigen". Sie sind getauft und erlebten eine Großtaufe durch Untertauchen, aber –

und so erzählte mir kürzlich eine Person – „der alte Adam kann noch immer schwimmen!" Und so natürlich auch „die alte Eva". „Vater, Dein Wille geschehe in allen Bereichen meines Lebens!" Kannst du denn diese Aussage überhaupt machen? Du bist wiedergeboren und merkst es. Die Zeichen der Wiedergeburt sind Geisteszeichen. Da läufst du nicht mehr vor deinen Problemen weg! Da befindest du dich nicht mehr auf der Flucht! Selbst wenn es immer schlimmer und schlimmer und schlimmer wird, du lebst das von Gott bestimmte Leben. Du sagst einfach: „Ich lebe, weil Christus in mir lebt!" und „Das Alte ist vergangen und ich jammere dem nicht mehr nach, was ich aufgab, verlor oder fehlinvestierte!"

Versuche nicht, jemand anderes zu sein. Wenn jemand die Wiedergeburt nicht erfuhr, versucht er immer wieder, jemanden zu kopieren. Versuche nicht, jemand anderes zu sein, und auch nicht, jemand anderes zu werden. Versuche nicht, so zu werden wie ich. Ich habe mein Leben gelebt. Du musst dein Leben leben. Jeder lebt sein eigenes Leben, so wie Gott es wollte. Entdecke dein „du" bzw. dein „ich"! Entdecke es! Ganz einfach! Es steht geschrieben: **<u>Wenn eines Menschen Wege dem HERRN wohlgefallen, so lässt er auch seine Feinde mit ihm Frieden machen (Spr 16,7)</u>**. Halleluja! Wenn dem Herrn deine Wege wohlgefallen, wenn du die Wiedergeburt erfuhrst, werden sogar deine Feinde – deine Schwierigkeiten, deine Probleme und deine Ängste – deine besten Freunde! „Dann bekommen sie einen Kuss." Dann werden sie deine besten Freunde; das gilt auch für die Problemmenschen. Es gibt so viele davon! Schau dich nur um! Jeder Mensch ist ein Problemfall. Das macht nichts. Mein Vater rief als ein Kind nach dem anderen kam aus: „Das ist wieder ein Esser mehr!" Damals bestand die Währung aus Kopeken. Diese mussten wir nun wieder ein paarmal öfter umdrehen. Heute sind es die Cents. Jeder Mensch ist ein Problem! Das teile ich dir in aller Liebe mit. Doch du musst mit diesen Menschen umzugehen lernen. Wenn du dein Leben Gott geweiht hast, wirst du mit den Schwierigkeiten und Handicaps deines Lebens, also mit deinen Sorgen, Gebrechen und Krankheiten, fertig. Ich lernte in meinem Leben, dass alle Dinge zum Besten dienen; ich bin gesund, aber wenn es Krankheiten gäbe, denn im Leben ist alles erlaubt. Und als meine Frau ein Pflegefall war, vereinbarten wir, alles anzunehmen und zu sagen: „Herr, wir danken Dir für alles!" Und ich muss ehrlich sagen, dass die Krankheit, die Pflege und alles, was ich mit Heidi durchmachte – und manchmal dachte ich: „Herr, was mutest Du mir denn alles zu? – bewirkte, dass ich so viel für meinen Geist und für meine Seele lernte. Ich wurde still, erhob mich nicht und bildete mir nichts ein. Weißt du, so viele Menschen sagen: „Mir wird das nicht widerfahren!" Aber falls es dich doch erwischt, was machst du dann? Dann musst du sagen: „Herr, Dein Wille geschehe!" Du machst deine Krankheiten, Gebrechen, Handicaps und Sorgen zu deinen Freunden! Dann liebst du eben nicht nur den lieben Gott, sondern den Gekreuzigten noch dazu. *„Hast du mich lieb?"*, fragte der Herr den Petrus (s. Joh 21,16a.17a). „Hast du mich lieb, so wie ich bin, auch mit der Dornenkrone und den durchbohrten Händen?" Er fragte: *„Hast du mich lieb?"* Es steht geschrieben: **Du aber, HERR, sei mir gnädig und hilf mir auf, so will ich ihnen vergelten (Ps 41,11).** Selbst wenn das Unheil über mich ausgegossen wurde, mein Feind über mich triumphiert, ruhe ich in Gott und habe meinen Frieden, denn ich bin in sicherer Hand. Ja, selbst wenn die Feinde toben, und sie machen Musik; das ist der große Chor, der dich besingt. Doch du freust dich! Und ich fahre fort: **Daran merke ich, dass du Gefallen an mir hast, dass mein Feind über mich nicht frohlocken wird (Ps 41,12).** Irgendwann hat der Feind „sein Pulver verschossen". Dann hat er nichts mehr zu lachen. Gott lässt es zu, so, wie es bei David geschah. Ihn betrachteten wir kürzlich. Er wurde mit Steinen und Dreck beworfen. „Du blutrünstiger Hund!", rief jemand aus und brachte ihn in Verruf (s. 2 Sam 16,5-7). Du kannst in Gott ruhen! David verfasste den Psalm 140. Das sind die Zulassungen Gottes, in denen du ruhen kannst (Ps 140,8.13).

Lebe das neue und andere Leben! David sprach die folgenden Worte aus. Es steht geschrieben: **Mich aber hältst du um meiner Frömmigkeit willen und stellst mich vor dein Angesicht ewiglich (Ps 41,13).** Mich hältst Du! Herr, ich erlebe, wie Du mich in der Schwierigkeit, in der Krankheit, in der Not immer noch hältst, und, wie Du zu mir stehst! Lebe das neue, göttliche Leben, das anders ist als das natürliche, weltliche. Es ist anders angelegt, anders gelagert, anders programmiert, es läuft ganz anders ab. Du bist ganz gelassen. Du musst wiedergeboren werden bevor du stirbst und in der Hölle landest! Das Wunder der Gnade ist die Grundvoraussetzung, um in den Himmel zu kommen und zu Gott zu gelangen. Du brauchst die Wiedergeburt um zu wissen: „Ich weiß nicht, woher ich komme und wohin ich gehe, aber jetzt entschied ich mich: „Ich gehe zum himmlischen Vater! Ich lebe mit Gott! Ich lebe dieses neue Leben! Das ist meine Entscheidung! Ja, ich gehe zum Vaterhaus!" Ich bin vielleicht im Natürlichen als Mensch gleich dem verlorenen Sohn beim Schweinebauern gelandet. Das ergeht fast allen Menschen so. Doch nun besinne ich mich darauf: „Mein Vater hat Brot die Fülle!" (s. Lk 15,17a), und kehre ins Vaterhaus zurück. Die Wiedergeburt ist, dass er sich zu seinem Vater aufmacht und heimkehrt. Er malt sich aus, was er sagen wird: „Ich habe gesündigt vor dir und dem Himmel" (s. Lk 15,21a), aber soweit kommt er gar nicht erst! Der Vater umarmt und küsst ihn und teilt ihm mit, was nachfolgend geschrieben steht: **Denn dieser mein Sohn war tot und ist wieder lebendig geworden; er war verloren und ist gefunden worden (Lk 15,24a).** Das bedeutet, wiedergeboren zu sein! Alle Menschen, die noch nicht wieder zum Vater nach Hause zurückkamen, sind tot und noch nicht wiedergeboren!

Die Wiedergeburt ist die Qualifikation, mit der du ins Reich Gottes kommst. Das Reich Gottes ist inwendig in euch (s. Lk 17,21b). Das passiert bei der Wiedergeburt. Während der Wiedergeburt nimmst du den Himmel auf. Das Reich Gottes ist ein vorbereiteter Ort für ein vorbereitetes Volk. Das schuf Jesus! „Es ist vollbracht" (s. Joh 19,30a). *„So wie ich bin, so muss es sein"* Ja, so komme ich zu Dir! *„Nichts hab ich zu bringen, alles, Herr, bist Du!"* Preis Gott! Die Wiedergeburt ist eine schwierige Prozedur. Jede Geburt, für Mensch und Tier, ist etwas Schmerzliches: „Ich will raus! Ich kann nicht mehr! Hier ist kein Platz mehr für mich!" Es drängt mich hinaus. Jeder Geburtsvorgang ist mit Schmerzen verbunden. So auch die

Wiedergeburt. Sie kostet mich alles! „Ich muss hier raus!" Dann bin ich ein Erbe, denn der Wiedergeborene ist ein Erbe Gottes und hat Anrechte und einen Anspruch darauf, ein Sohn bzw. eine Tochter Gottes zu sein. Es steht geschrieben: **<u>Sagt Dank dem Vater, der euch tüchtig gemacht hat zu dem Erbteil der Heiligen im Licht (Kol 1,12).</u>** Danke Gott! Ich danke Ihm! Ich preise den Herrn jeden Tag dafür, dass ich Sein Kind bin. Wenn ich in meinem Wohnhaus die Treppen nach oben steige, sage ich bei jeder Stufe, auf die mein Fuß tritt: „Herr, ich danke Dir, dass ich gesegnet bin, dass ich Dein Kind bin, dass ich Dir gehöre, dass Du mein Vater bist, auch wenn mein irdischer Vater längst tot ist!" Diese irdischen Väter und Mütter verlassen einen früher oder später. Ja, ich danke Gott dafür! Und weiter steht geschrieben: **<u>Er hat uns errettet aus der Macht der Finsternis und hat uns versetzt in das Reich seines geliebten Sohnes, in dem wir die Erlösung haben, nämlich die Vergebung der Sünden (Kol 1,13f).</u>** *„Denn dieser mein Sohn war tot und ist wieder lebendig geworden"*, rief der Vater aus. Denke einmal darüber nach, was der verlorene Sohn da erlebte. Er sitzt ganz verdattert da und kommt aus dem Staunen nicht mehr heraus. Der Vater tritt zu ihm mit einem Ring in der Schatulle, mit einem neuen Rock auf dem Bügel, führt den gemästeten Ochsen herbei, den die Mutter nun zubereitet (s. Lk 15,22f.). Es ist so wichtig, dass wir die Hoffnung auf das ewige Leben haben! Wir danken Gott! Fange an, dem Herrn zu danken für deine Erlösung und für deine Vergebung der Sünden, die du nun erfuhrst! Nimm es einfach im Glauben an und mache Ernst in deinem Leben. Lebe es in vollen Zügen aus und genieße jeden Tag. Gehe wenigstens dreimal – nicht fünfmal, so wie es die Moslems tun – ins Gebet. Das reicht vollkommen aus. Danke Gott dafür, dass du erlöst bist, dass du freigekauft wurdest und dass du ein Kind Gottes sein darfst. Es reicht schon, dass du das irdische Leben verspieltest, aber dein geistliches und ewiges Leben verspielst du nicht, denn es ist gut. Dieser Mann glaubte, ich würde wegen eines Dollarstückes sein Karma zerstören. Aber das würde nicht stattfinden, sondern, im Gegenteil, ich würde ihm behilflich sein. Das sind die törichten Glaubensvorstellungen, welche die Menschen haben. Er kann nichts dafür, dass er so falsch gelehrt wurde. Er wartet nun darauf, dass es sich im anderen Leben anders verhält. Er könnte jetzt schon durch die Gnade Gottes ein anderes Leben leben.

Josua sprach einmal am Ende – nicht am Anfang – seines Lebens, was geschrieben steht, siehe hier: **Ich aber und mein Haus wollen dem HERRN dienen (Jos 24,15b).** Was die anderen machen, ist mir einerlei. Ich predige, evangelisiere und dergleichen mehr, damit die anderen auch zum Glauben finden. Aber entscheiden müssen sie sich selbst. Jeder Mensch muss sich selbst entscheiden, links oder rechts. Deshalb ist es so wichtig, dass du von Neuem geboren wirst. Die Wiedergeburt ist weder eine Reformation noch ein religiöser Vorgang noch irgendeine Kultivierung noch irgendein Bildungsprozess: „Ich muss jetzt die Bibel auswendig lernen; ein paar Psalmen und Sprichwörter." Nein! Der Heilige Geist versucht, mein Leben positiv zu beeinflussen. Das bedeutet dieses neue Leben. Ich muss auf meine Probleme zugehen. Je mehr Probleme ich habe, desto mehr Möglichkeiten habe ich, das neue Leben in Gott auszuleben. Ich erlebe eine Transformation meines Charakters. Als ein junger Pastor musste ich oft Buße tun, weil Leute zu mir in die Seelsorge kamen, die sagten: „Pastor, ich kann nicht glauben!" Weißt du, was ich am liebsten gemacht hätte? Ich hätte sie am liebsten am Schopf gepackt und ihnen links und rechts eine Watsche gegeben! Ich rief aus: „Was sagst du da? Schau doch die Natur an! Jeder Blinde kann es sehen!" Aber später, als ich selbst durch die Tiefen gegangen war, als ich selbst nicht mehr glauben konnte, sodass ich meine Kinder an meiner Stelle am Tisch beten ließ, dachte ich bei mir: „Du tatest nicht recht mit dieser Person." Wie oft richten wir die Leute: „Was denkt er sich nur? Etwa, dass er nicht glauben kann?" Gott erlaubt, dass du auf die Nase fällst, dass du diese Lektion lernst, dass du nicht mehr glauben kannst, dass du die Welt nicht mehr verstehst und rufst: „O, diesen Berg kann ich nicht überwinden! Das schaffe ich nicht!" Gott ist es, der dann meinen Charakter formt, der mir neue Prinzipien, neue Wünsche, neue Fähigkeiten und neue Ziele verleiht; ja, das neue Leben! Gott half mir, denn dann ließ Er sogar andere, die sich fünfzehntausend Kilometer weit weg, in Indien, Westbali, befanden, für mich beten, damit ich wieder Boden unter den Füßen hatte. Die Gnade ist es, die der Herr bewirkt, und zwar ganz ohne mein Dazutun! Sie ist geschenkt, aus freien Stücken! Gott sieht, was für harte Böcke wir sind. Dementsprechend müssen wir auch behandelt werden.

Wenn du wiedergeboren bist, brauchst du täglich gesunde Nahrung. Ein Baby nimmt täglich gesunde Nahrung zu sich: die Brust der Mutter. Ich las neulich einen Artikel, den mir jemand zur Information zusandte. Daraus ging hervor, dass die Muttermilch alle Bestandteile enthält, die ein Baby für eine gesunde Ernährung benötigt. Sie enthält verschiedene Zuckerformen. Es gibt nichts Gesünderes, als die Muttermilch. Genau das ist es, was ein Christ braucht: seine Milch, d. h., eine gute Predigt, inspirierte Verkündigungen, geistliche Kost, vom Heiligen Geist gewirkte Botschaften. Vor gar nicht so langer Zeit sagte mir jemand: „Wir sind eine Glaubensbewegung!" Also, ich bin keine Glaubensbewegung. Glaube ist auch keine Bewegung. Aber der Glaube bewegt etwas. Halleluja! Ja, das ist der Glaube. Es ist nur eine fromme Farce, wenn sie sagen: „Glaube ist eine Bewegung!" Glaube ist ein Wirken Gottes an mir. Wenn ich glaube, verstehe ich plötzlich die Dinge ganz anders.

Erlösung ist ein Prozess; Heilung desgleichen. So ist auch der Glaube an Gott ein Prozess. Paulus sprach, was nachfolgend geschrieben steht: **<u>Als ich ein Kind war, da redete ich wie ein Kind und dachte wie ein Kind und war klug wie ein Kind; als ich aber ein Mann wurde, tat ich ab, was kindlich war (1 Kor 13,11).</u>** „Jetzt bin ich ein reifer Mann und denke dementsprechend." Erlösung ist wie das Atmen der Seele. Das brauche ich. Ich muss ständig atmen. Man sagt, dass ein Mensch drei Wochen ohne Nahrung und drei Tage ohne Flüssigkeit auskommen würde, aber er kommt gerade einmal drei Minuten ohne Sauerstoff aus. Versuche einmal, dir die Nase zuzuhalten. Dann weißt du, was ich meine. Du musst atmen. Und so musst du auch jeden Tag beten, beten und nochmals beten. Das ist das Atemholen der Seele. „Rufe mich an! Sprich mit mir! Preise mich! Koste das Leben voll aus!" Das ist es, was ich euch sage in deutscher Sprache. Beginne zu atmen! In der Regel ist es so, dass ein Mensch ohne Sauerstoff nach zwei Minuten ohnmächtig wird. Bereits nach zwei bis drei Minuten ohne Sauerstoffzufuhr wird sein Gehirn geschädigt. Verstehst du das? Wir sind an diese Erde gebunden! Es steht geschrieben: **Da machte Gott der HERR den Menschen aus Staub von der Erde und blies ihm den Odem des Lebens in seine Nase. Und so ward der Mensch ein lebendiges Wesen (1 Mose 2,7).** Überlege einmal, du kannst eine lebendige Seele werden, indem du dein Leben voll auslebst! Du stehst vor einer Entscheidung: „Heiland was würdest Du tun?" und „O Gott, ich danke Dir, dass ich das mit Deiner Hilfe geschafft habe!" Du dankst Gott, lobst und preist Ihn und betest ohne Unterlass. Paulus sprach, was nachfolgend geschrieben steht: **Betet ohne Unterlass (1 Thess 5,17).** Du fragst: „Wie soll ich das denn machen?" Ich sage es dir: Indem du atmest. Ja, indem du geistlich atmest! Lebe das Leben in vollen Zügen aus. Das ist meine Botschaft. Nach fünf Minuten ohne eine Atmung ausgeführt zu haben, kannst du nicht mehr regeneriert werden! Verstehst du? Man kann vielleicht noch versuchen, dich künstlich mit Sauerstoff zu beatmen, dich an irgendeine Corona-Maschine oder an irgendein Beatmungsgerät anzuschließen, aber die Frage ist, was dadurch erreicht wird. Dadurch können auch Schäden im Gehirn verursacht werden.

Der Glaube ist weder eine Bewegung noch eine Kirche noch eine Religion. Es ist eine konsequente Nachfolge, während derer ich tue, was der Herr Jesus spricht, während derer ich inspiriert lebe und dem Atemfluss folge: Ich atme ein und aus und wieder ein und wieder aus usw. Manche sind zu töricht dazu. Sie müssen erst einen Atemkurs besuchen. Es gibt ein solches Kursangebot auf der Volkshochschule.

Um das Heil in Christus zu empfangen ist Gnade um Gnade erforderlich. Es steht geschrieben: **Denn aus Gnade seid ihr gerettet durch Glauben, und das nicht aus euch: Gottes Gabe ist es,** nicht aus Werken, damit sich nicht jemand rühme **(Eph 2,8f.).** Das Ein- und Ausatmen wird vollzogen. Das geschieht nicht durch uns. Es ist sogar eine Überlebensfrage. Es ist ein ständiges Im-Gebet-Sein. Denkt Nikodemus nicht merkwürdig?, denn lies, was nachfolgend geschrieben steht: **Wundere dich nicht, dass ich dir gesagt habe: Ihr müsst von Neuem geboren werden (Joh 3,7).** Und dann: <u>Wenn jemand nicht von Neuem geboren wird, so kann er das Reich Gottes nicht sehen (Joh 3,3b).</u> Wir möchten in den Himmel kommen, aber wir atmen nicht; nur vielleicht sonntags. Stell dir einmal vor, du würdest nur sonntags beatmet werden. Was würde denn dann aus deinem Leben werden? Dann nützte nicht einmal mehr eine Beatmungsmaschine etwas. Wir müssen jeden Tag beten, nicht nur am Sonntag. Ich vergesse nie, wie wir uns einmal morgens in einer Kathedrale in Saragossa aufhielten und einen Geschäftsmann sahen, der mit einem Seidenanzug bekleidet war. Er betrat die Kathedrale, stellte seinen Koffer ab und begab sich eine ganze Weile ins Gebet. Nachdem er aufgestanden war, begegneten wir uns. Als er bemerkte, dass wir Ausländer waren, sprach er uns in englischer Sprache an und teilte uns mit, dass er ein Geschäftsmann sei und beten müsse, weil er diese Woche schwierige Entscheidungen zu treffen habe. Wie oft müssen wir beten! Wie oft stehen wir vor schwierigen Entscheidungen, manchmal auch über solche, wie wir unser Geld auszugeben und einzunehmen haben. Ja, wir haben so viele schwere Entscheidungen zu treffen! Deswegen müssen wir ständig beten und ein Gebetsleben führen. Wir müssen „neu geboren" werden! Vielleicht musst du heute ganz neu inspiriert werden: „Ich muss wiedergeboren werden! Ich muss ganz neu anfangen! Ich muss von vorn anfangen und damit beginnen, meinen Gott zu suchen!" Ja, wir müssen immer wieder „an der Himmelspforte anklopfen"! Wir müssen aus dem alten System, dem der Welt, aussteigen! Wir müssen ganz neu beginnen und mit Gott leben. Das ist das Geheimnis der Wiedergeburt. Es ist einer Auferstehung gleich. Der auferstandene Mensch ist der wiedergeborene Mensch. Er lebt ganz anders. Ich warte nicht auf die Auferstehung, weil ich bereits die erste Auferstehung erfuhr. Abermals, es steht geschrieben: <u>Selig ist der und heilig, der teilhat an der ersten Auferstehung (Offb 20,6a).</u> Ich bin vom Tod zum Leben hindurchgedrungen. Ich kann glauben. Ich weiß nicht, wie, aber es gelingt mir. Gott hat „alle meine Fäden" in der Hand. Das Kreuz ist der Schlüssel, welcher die Angst und sämtliche Flüche fernhält und mich in die Sphäre des Segens hineinbringt. Das überzeugt mich. Der Heilige Geist macht mich perfekter, perfekter und perfekter. Er vervollkommnet mich, sodass ich niemandem mehr eine Watsche erteile. Gott lehrte mich, ruhig zu bleiben. Es steht geschrieben: **Darum richtet nicht vor der Zeit, bis der Herr kommt, der auch ans Licht bringen wird, was im Finstern verborgen ist, und das Trachten der Herzen offenbar machen wird (1 Kor 4,5a).** Die Gnade Gottes macht mich ruhig und gelassen. Sie gibt mir eine Haltung auf die Ewigkeit. Ich bin begnadigt. Ich erlebte meine Gnade, und der andere muss auch seine Gnade erleben. Wir leben alle von der Gnade des Herrn. Würde Gott uns Seine Gnade entziehen, würde das Licht ausgehen und wir würden in der Finsternis sein. Gnade ist die Methode, die Gott uns Menschen offenbart. Er vergibt uns! Er schafft Ordnung in unserem Leben! Er stellt unser Leben wieder her und lässt Seine Gnade walten! Er hat alles in der Hand. Dadurch, dass ich die fortwährenden Glaubensprüfungen bestehe, glaube ich an den himmlischen Vater. Gott schickt mich in eine bestimmte Situation, die Seinem Mutwillen entspricht. „Akzeptiere das Leben so, wie es nun einmal ist, und verlasse dich nicht auf eigene Werke." Dieses Wort offenbarte mir der Herr. Die Gnade lebt von der Beziehung zu Gott, ohne anzuklagen, ohne zu richten, ohne jemanden zu verdammen. O, wie tat ich Buße die ersten Jahre, als ich gerade frisch von der Bibelschule kam! Damals dachte ich: „Jetzt wird die Welt erneuert! An deinem Wesen soll die Welt genesen!" Da denkst du etwas Wunderbares und plötzlich wird dir eröffnet, dass du noch „grün hinter den Ohren bist!" Ja, das war ich auch. Doch ich reife Stück für Stück! Je mehr man durch Tests, Prüfungen und Kämpfe geht, desto mehr bewährt man sich und wird fester, stabiler und gegründeter. Ich lebe, und alles, was ich habe, ist Gnade, Gnade, Gnade, Gnade und nichts als Gnade.

So spricht der Herr: **Wer überwindet, der wird dies ererben, und ich werde sein Gott sein und er wird mein Sohn sein (Offb 21,7).** Wer beharrlich ausharrt bis ans Ende und nicht nachgibt, wer das gute Leben lebt, der wird das alles ererben. Paulus teilte der Gemeinde mit, was nachfolgend geschrieben steht: **Denn aus Gnade seid ihr gerettet durch Glauben, und das nicht aus euch: Gottes Gabe ist es, nicht aus Werken, damit sich nicht jemand rühme (Eph 2,8f.).** Ich hörte auf, mich zu rühmen oder mir etwas darauf einzubilden, was ich alles habe, bin und kann. Bei einem, der das neue Leben hat, nimmt die Gnade den ersten Platz ein. So jemand spricht von der Gnade. Als ich noch ein junger Pastor war, hörte ich, wie ältere Geschwister ihr Zeugnis gaben: „O, ich danke Gott für die Gnade!" Ich dachte bei mir: „Ach komm, höre doch auf damit!" Betagte Leute machen sich Gedanken über die Gnade. Sie loben und preisen Gott mit den folgenden Worten: „Ich danke meinem Gott, dass ich noch aufstehen, meine Arbeit verrichten oder dieses und jenes tun kann!" Solange du noch jung bist, weißt du nicht, was Gnade ist. Aber dann kommen die Tage, die dir nicht mehr gefallen (s. Pred 12,1). Dann beginne, das Leben zu leben und dich zu bewähren! Wer die Gnade einmal erfasste, lässt die Werke der Finsternis weg, all jenes, was dich krank und schwach macht, und was dich lähmt. Jesus sprach einmal die folgenden Worte aus. Es steht geschrieben: **Geh hin und sündige hinfort nicht mehr (Joh 8,11c).** Diese Worte teilte Er der Ehebrecherin mit. Lebe das Leben aus Gott! Lass den Herrn in deinem Leben regieren! Wandle im Geist! Das sind diese Geheimnisse! Denn Gott ist der Vergeltung aller Dinge (s. 5 Mose 32,35a; Röm 12,19). Halleluja!

**Gebet:** Vater, ich danke Dir, dass der Heilige Geist unser Leben übernimmt und uns führt und leitet, und ich möchte Dir jetzt all die lieben Geschwister, die diese Predigt hörten und die noch nicht so richtig aus dem Geist heraus leben – die noch nicht wiedergeboren sind –, anheimstellen. Öffne ihnen die Augen, dass sie begreifen, was es bedeutet, geheilt, geheiligt und wiedergeboren zu sein. Himmlischer Vater, Du vollziehst die guten Werke. Du bist der Anfänger und Vollender unseres Glaubens (s. Hebr 12,2a). Ich danke Dir für Deine Gnade! Amen

# Teil 2

Predigt von Pastor Joh. W. Matutis

## „Jesus gab uns ein Beispiel“

Dankeschön! Sanftmut, Herrlichkeit, Demut – das ist alles, was wir über Jesus wissen. Ja, das ist Er – sanftmütig und demütig (siehe Mt 11,29b). Ich möchte heute über mein Vorbild sprechen: Jesus Christus. Er ist der Meister. Von Ihm kann man lernen. Und ich werde ganz besonders in dieser Karwoche, an diesem Karmittwoch, die Fußwaschung betrachten. Sie kreuzigten Ihn! Meinen Heiland kreuzigten sie! Er war demütig, still und weder aufsässig noch aufdringlich. Von Ihm kann man lernen. Jesus sprach: *„Lernet von mir."* (Siehe Mt 11,29a) Das wollen wir heute tun.

Ich will von Jesus verkündigen, und zwar etwas, was mir ganz besonders in dieser Karwoche bemerkenswert erschien. Wir befinden uns nun gerade in der Karwoche. Man nennt sie „die stille Woche". Doch gerade in dieser stillen Woche, wo gerade nichts passieren sollte, geschieht unheimlich viel! Jesus hielt sich im Garten Gethsemane auf. Dort rang Er: „Vater, nicht mein Wille, sondern Dein Wille geschehe!" (Vgl. Mt 26,39b.42b.44; Lk 22,42b) Er wurde verraten und vieles mehr.

In der Woche vor Ostern trug sich einiges zu. So die Salbung in Betanien (s. Joh 12,3a). Symbole und Zeichen geschahen an Jesus, und Er ließ es gewähren. Sanftmut und Herrlichkeit finden wir in einer Person. So viel Menschliches und Unmenschliches geschah. Es geht um das Fleisch. Die Silbe „Kar" ist dem lateinischen Sprachgebrauch entlehnt und bedeutet „Fleisch". „Karneval" bedeutet so viel wie: „Das Fleisch lebe hoch!" Doch hier wurde das Fleisch gekreuzigt! Der alte Mensch muss sterben (s. Joh 12,24), was auch immer das bedeutet. Das fand in der Karwoche statt.

Gewaltige Zeichen geschahen. Jesus demütigte sich und sprach, was nachfolgend geschrieben steht: **<u>Denn ein Beispiel habe ich euch gegeben, damit ihr tut, wie ich</u>**

**euch getan habe (Joh 13,15).** Ja, Jesus gab uns ein Beispiel. Der alte, natürliche Mensch muss sterben und auferstehen. Nur das, was stirbt, wird zu neuem Leben erweckt; es lebt auf und entwickelt sich wieder neu. Hier ging es um „das Eingemachte". Hier offenbarte sich Gottes Sohn und Menschensohn. In dieser einen Woche fand unheimlich viel statt. Jesus offenbarte sich in aller Macht, Kraft und Herrlichkeit. Er auferstand am dritten Tag. Das ist das Finale.

Zum Einstieg möchte ich eine Schriftstelle in Erwähnung bringen, die nachfolgend geschrieben steht: **Und er nahm den Bissen, tauchte ihn ein und gab ihn Judas, dem Sohn des Simon Iskariot (Joh 13,26b).** Den anderen gab Er diesen Bissen nicht. Judas war erwählt für eine ganz bestimmte Aufgabe. Judas ist eine ganz mysteriöse Gestalt in der Bibel. Es ist eine merkwürdige Handlung: Er taucht den Bissen ein und reicht ihn Judas. Und Jesu Prophezeiung lautete ja wie folgt: *„Einer von euch wird mich verraten!"* (Siehe Joh 13,21b SLT, NLB)

Bevor Jesus das Abendmahl mit Seinen Jüngern hielt, verteilte Er Seinen Leib. *„Das ist mein Leib, für euch gebrochen"* (1 Kor 11,24a MENG) sowie *„Dies ist mein Blut, das Bundesblut (2 Mose 24,8; Sach 9,11), das für viele vergossen wird* (s. Mk 14,24 MENG sowie Mt 26,28; Lk 22,20; 1 Kor 11,25). Jesus löste etwas Gewaltiges in der unsichtbaren Welt aus, und das Erstaunliche ist, dass Er den Judas benützte!, obwohl wir auf ihn so ein bisschen herabschauen, mit dem Finger auf ihn zeigen und sagen: „Das ist Judas!" Ohne Judas wäre Jesus nie gekreuzigt worden! Ohne Judas hätten wir keine Erlösung! Das teile ich euch in aller Liebe mit. Denkt einmal darüber nach. Judas war ein „Werkzeug des Herrn", auserwählt zu der Zeit, da jeder einzelne Jünger auserwählt wurde. Schon da war bestimmt, was nachfolgend Erwähnung findet: *„Einer von euch wird mich verraten!"* Er war von Gott erwählt! Jesus ahnte es: „Dieser, mit welchem ich das Brot breche und den Bissen eintauche, wird mich verraten." (Vgl. Joh 13,26a) Es war gleich einem Befehl. Jesus sprach zu Judas: *„Was du zu tun vorhast, das tue bald!"* (Siehe Joh 13,27b MENG) Und er ging sogleich hinaus. Wahrscheinlich dachten die Jünger, „er muss vielleicht einkaufen" oder, „er muss eine Rechnung begleichen" o. Ä.

Judas ist willig und unwillig gleichzeitig. Er geht, weil er weiß: „Das ist meine Bestimmung. Ich muss das tun, und wehe mir, ich tue es nicht!" Er wurde sogar von Jesus dazu gedrängt: *„Was du zu tun vorhast, das tue bald!"* Judas schlug den Weg Gottes ein. Dieser Weg war der für ihn bestimmte Lebensweg. Es war die Bestimmung für sein Leben. Manchmal haben wir merkwürdige Bestimmungen. Jeder hat eine andere Bestimmung für sein Leben. Mir müssen den Weg gehen, den der Herr für unser Leben vorzeichnete, auch wenn wir Verräter sind, auch wenn wir Bösewichte sind, auch wenn wir vielleicht so viel Unruhe in diese Welt bringen. Judas führte den Willen Gottes aus, obwohl er es vielleicht gar nicht wollte, aber er tat es gezwungenermaßen. Hier gab sich Jesus selbstbewusst hin. Ich möchte auch das eine klipp und klar sagen: Jesu Tod ist weder ein Unfall noch ein Unglück, sondern Er wollte sterben. Ja, Er wollte sterben! Er richtete Seinen Blick gen Jerusalem, damit allen Menschen Erlösung widerfahre. Er wollte das Kreuz. Er provozierte es sogar! Ohne Kreuz gäbe es keine Erlösung. Er gab sich freiwillig hin, wie nachfolgend aufgezeigt ist: **Ich lebe, doch nun nicht ich, sondern Christus lebt in mir. Denn was ich jetzt lebe im Fleisch, das lebe ich im Glauben an den Sohn Gottes, der mich geliebt hat und sich selbst für mich dahingegeben (Gal 2,20).** Er befahl Judas: *„Was du zu tun vorhast, das tue bald!"* Das bedeutet: „Beeile dich!" Das Kreuz war der Wille des Herrn. Judas trieb die Sache voran. *„Was du zu tun vorhast, das tue bald!"* Als ich das las, dachte ich bei mir: Warum hielt es denn der Heiland nicht auf? Warum begann Er nicht zu beten: „Herr, halte Judas von diesem törichten Schritt ab!" Er tat das nicht; im Gegenteil! Er beschleunigte es noch und sprach: *„Was du zu tun vorhast, das tue bald!"* Als Judas den Bissen nahm, „biss er an". Verstehst du? Es steht geschrieben: **Als er nun den Bissen genommen hatte, ging er alsbald hinaus. Und es war Nacht (Joh 13,30).** *Es war Nacht.* Er ging hinaus. Jesus wusste: „Da passiert gleich etwas. Jetzt werde ich ausgeliefert. Jetzt rollt die Lawine unaufhaltsam und es kann nicht mehr verhindert werden. Jetzt wird das Werk Gottes vollzogen." Jesus sprach: „Jetzt wird der Menschensohn verherrlicht." Das war also eine Voraussetzung. Jetzt trat Judas hinaus in die Nacht. Jetzt also wird der Menschensohn verherrlicht (s. Joh 12,23).

Das Weizenkorn muss sterben, bevor es aufgehen und viel Frucht bringen kann (s. dto. Joh 12,24). Das ist die Geschichte. Wir müssen diese Dinge richtig verstehen und nicht nur sagen: „Judas bzw. die Juden kreuzigten Jesus!" Stattdessen sollten wir sagen: „So war es von Gott gewollt!", denn wir leben ein Gott gewolltes Leben. Jesus gab sich selber hin. Sich selbst hinzugeben, ist eine der größten Lektionen des Lebens überhaupt; nichts zurückzuhalten und zu sagen: „Wenn Gott es will, dann soll es geschehen. Nicht mein Wille, sondern Dein Wille geschehe, auch wenn ich sterben muss, auch wenn ich das Kreuz erdulden und leiden muss." Jesus lehrt uns hier, zu dienen, demütig zu sein, sich verraten und verkaufen zu lassen für dreißig Silberlinge. Das alles fand statt. Wenn Jesus das kann, dann müssen wir das auch können und lernen. Das ist die Lektion der Karwoche.

Die Erlösung fängt mit ganz menschlichen Zügen an und ist ein ganz menschliches Werk. Jesus wird verraten und verkauft. Er gab uns ein Beispiel, bei dem ich verweilen werde: Die Fußwaschung (s. Joh 13,5-15). Damit begann die Erlösung. Jesus erniedrigt sich, wie es nicht mehr hätte niedriger gehen könnte. Der Herrgott wusch den Menschen die Füße. Stell dir das einmal vor. Der Sohn Gottes – der König aller Könige und wer Er auch alles ist –, der Messias, wäscht den einfachen Leuten aus Judäa die Füße. Jesus wäscht Seinen Jüngern die Füße! Damit trat die Erlösung in Kraft! Er erniedrigte sich selbst! Du möchtest erlöst werden und ich möchte auch erlöst werden. Aber wir müssen auch diesen Weg gehen, den Jesus uns vorausging. Er erniedrigte sich, und wir müssen auch diesen Weg gehen, denn der Schüler ist nicht größer als der Meister (s. Lk 6,40a). Der Herr demütigte sich und wurde ein Sklave, ja ein Knecht! Er verrichtete einen Sklavendienst! Er wusch die Füße! Diesen Dienst verrichten eigentlich nur die Sklaven! So weit stieg Jesus herab! Jesus ließ sich versklaven. Stell dir das nur einmal vor. Er ließ sich zu einem Sklaven und Diener machen. Das alles tat Er aus Liebe zu uns, damit uns Erlösung zuteilwird, denn anders hätte Er uns gar nicht erlösen können.

Die Füße zu waschen, das war in der Regel damals im Orient etwas Unbedeutendes, aber doch etwas Notwendiges. Hier bei uns muss man das nicht unbedingt tun. Ich vollzog in meiner Gemeinde alle Jahre einmal wieder eine Fußwaschung, um einfach zu demonstrieren, was es bedeutet, sich vor seinem Bruder und vor seiner Schwester zu demütigen und einander zu dienen. Im Orient war es ein ganz normaler Brauch. Das Wort des Herrn, welches gemäß der Überlieferung aus der Heiligen Schrift offenbar wurde und nachfolgend niedergeschrieben ist, lautet wie folgt: <u>Denn ein Beispiel habe ich euch gegeben, damit ihr tut, wie ich euch getan habe (Joh 13,15).</u> Das ist die Fußwaschung! Viele Christen wollen einander am liebsten „die Köpfe waschen", verstehst du? Sie würden die Leute am liebsten zurechtstutzen. Aber Jesus sprach: „Die Füße sollt ihr einander waschen." Wer das kann, der kann alles. Sich einander die Füße zu waschen, ist eine Handlung der Demut. Es ist eigentlich nichts Besonderes. Man spricht nicht darüber, sondern man tut es entweder, oder man lässt es zu. „Er wäscht mir die Füße." Das ist Dienst am Menschen. Fußwaschung ist ein Dienst, den wir viel öfter tun sollten. Ja, diesen Dienst sollten wir tun! Auf geistlicher Ebene kommt dieser Tat die Bedeutung zu, dass wir einander ermutigen, stärken, erfrischen und erquicken. Es wird ein Dienst der Ermutigung vollzogen: „Bruder, oder Schwester, es geht schon wieder weiter." Das Reich Gottes ist Praxis und Leben! Es ist keine leere Theorie! Das Reich Gottes besteht aus Taten! *„Ein Beispiel habe ich euch gegeben"* usw. Es besteht aus Taten, die sich an Jesus orientieren. Werke der Demut sind nicht einfach. Jeder möchte auf der Kanzel stehen und predigen oder dirigieren, kommandieren, delegieren u. v. m. Doch er sollte zuerst einmal lernen, zu dienen. Jesus kam und diente. Zuletzt wusch Er Seinen Jüngern die Füße. Petrus wehrte ab: „O, nein! Mir darfst Du nicht die Füße waschen!" Lies, was nachfolgend geschrieben steht: **Petrus entgegnete ihm: Niemals sollst du mir die Füße waschen! Jesus erwiderte ihm: Wenn ich dich nicht wasche, hast du keinen Anteil an mir (Joh 13,8 EU).** Du siehst, wir haben keinen Anteil an Jesus, wenn uns nicht die Füße gewaschen werden und wenn uns die anderen Geschwister nicht dienen. Wenn wir also den anderen Geschwistern nicht dienen, haben wir keinen Anteil an Jesus. Jesus zeigt Seinen Jüngern und uns das selbstlose Dienen als Beispiel und Auftrag. *„Ein Beispiel habe ich euch gegeben"*. Ich werde euch nicht zehn oder fünfzehn Beispiele geben, sondern nur das eine: *„Tut, wie ich euch getan habe."* (Siehe Joh 13,15b) „Tut, was ich euch sage." Darin liegt das Geheimnis des geistlichen Lebens, Brüder und Schwestern, denn die Erlösung fängt menschlich an und hört geistlich auf. Nicht etwa, dass sie geistlich anfängt und menschlich beendet wird. Nein, zuerst beginnt sie menschlich. In aller Demut und Bescheidenheit beginnt etwas ganz Alltägliches und Normales; nichts Besonderes oder Geheimnisvolles, sondern etwas Praktisches: Jesus nahm eine Schüssel und ein Handtuch. Er bekleidete sich mit einer Schürze und wusch Seinen Jüngern die Füße.

Judas musste Jesus verraten und preisgeben, wo Er sich aufhielt. Warum? Weil Jesus so gewöhnlich war. Er war ein ganz gewöhnlicher Jude. Vielleicht hatte Er einen langen Bart oder einen Schnurrbart. Er muss etwa 30, 33 oder 35 Jahre alt gewesen sein. Er musste verraten werden: *„Welchen ich küssen werde, der ist's; den ergreift."* (Siehe Mt 26,48) Mit einem Kuss verriet er seinen Herrn (s. Mt 26,49). Darum spricht man von dem Judaskuss. „Wir müssen den Menschen Jesus verraten", weil Er ganz normal, alltäglich, ungewöhnlich und praktisch ist. Er lebt mitten unter uns und somit müssen wir das Folgende zeigen: „Wer ist Jesus und wie sieht Er aus?" Jesus sprach, was nachfolgend geschrieben steht: Und der König wird antworten und zu ihnen sagen: **Wahrlich, ich sage euch: Was ihr getan habt einem von diesen meinen geringsten Brüdern, das habt ihr mir getan (Mt 25,40).** Als der Herr Jesus mit der Schüssel in der Hand zu Petrus trat, sprach Er: *„Wenn ich dich nicht wasche, hast du keinen Anteil an mir."* Um in das Reich Gottes zu gelangen, muss man kein frommes Gesicht zeigen, irgendetwas groß demonstrieren, fromme Sprüche klopfen, Kraftsprüche zitieren o. Ä., sondern einfach nur Krafttaten tun. D. h., man muss sich überwinden und in Demut einem seiner Brüder oder Schwestern die Füße waschen, dienen und arbeiten. Jesus will uns dienen, und wenn Er das nicht kann, ist unser ganzes Leben zwecklos. Wenn wir nicht dienen, ist unser ganzes Laufen für den lieben Gott umsonst! Mit der Fußwaschung beginnt die Passion und der Auftrag Gottes. Judas erhob sich, verließ den Raum und trat hinaus. Damit begann das Countdown zu Laufen, und zwar dem Willen Gottes gemäß.

Es steht geschrieben: **Es bat ihn aber einer der Pharisäer, mit ihm zu essen. Und er ging hinein in das Haus des Pharisäers und setzte sich zu Tisch (Lk 7,36).** Auch das gehört eigentlich zur Karwoche, denn es fand in Betanien statt. Jesus zog in Jerusalem ein, aber an diesem Abend war Sein Aufenthaltsort bis zum Passamahl, welches Er halten wollte, in Betanien. Dort in Betanien, bei Simon dem Aussätzigen, wollten sie sich gerade versammeln, als Maria Magdalena eintrat, Jesu Füße salbte und Ihn somit zum Messias machte. Jesus wurde von einer Frau zum Messias und Heiland dieser Welt gesalbt! Kein Hohepriester, kein Pastor und kein Rabbiner salbte Jesus, sondern eine Frau! Sie zerbrach ihr Nardenölfläschchen und salbte Jesu Füße (s. Lk 7,37f.). Jesus sprach: *„Sie hat ein gutes Werk an mir getan"* (s. Mt 26,10b; Lk 7,44-46). Seitdem heißt Jesus „Christus der Gesalbte". Er ist der Gesalbte des Herrn, weil Gott dieser Frau diesen Auftrag gab: „Salbe Jesus! Er braucht es! Jetzt ist Er in Betanien!" Jetzt ist Er bei uns. Satan ärgert sich, „wenn man Jesus salbt". Du darfst das tun. Es ist ein praktisches Werk. Satan erfüllte das Herz des Judas (s. Lk 7,39; Mt 26,8f.). Das geschah in Betanien, als Maria Magdalena Jesu Füße salbte. Er roch, dass irgendein Parfüm versprüht wurde, Deodorant oder ein anderer teurer Duft. Satan ärgert sich, wenn man die „Füße wäscht", und wenn man sie noch dazu salbt, ärgert er sich doppelt, erst recht, wenn es Jesu Füße sind.

*„Was ihr getan habt einem von diesen meinen geringsten Brüdern, das habt ihr mir getan."* Diese Worte sprach der Heiland aus. Satan ärgert sich, wenn man Jesus dient. Sei dir sicher, er ärgert sich über dich genauso, wie er sich damals über Maria Magdalena geärgert hatte. Bei dem einen fährt der Teufel aus, und bei dem anderen fährt er ein. So verhielt es sich bei Simon, der sich im Haus des Pharisäers aufhielt. Bei einer Fußwaschung fahren entweder Dämonen aus oder ein. Betrachte die Fußwaschung zu Betanien! In dieser Karwoche passierte nahe dem Ölberg sehr viel. Hier bekam entweder Satan oder der Herr einen Anteil. Entweder wird das Reich Gottes oder das Reich Satans gefördert. Jesus musste weg! und Judas verriet Ihn für dreißig Silberlinge (s. Mt 26,15), auf dass Erfüllung fände, was durch die Propheten schon Jahrhunderte im Voraus prophezeit wurde. Denn dass Jesus für dreißig Silberlinge verkauft werden würde, wurde vorausgesagt (s. Sach 11,13).

Jesus zeigt uns hier: Es reicht nicht aus, alles zu wissen und zu verstehen, sondern man muss es auch erleben! Und man muss auch erleben, was da alles passiert! Die Fußwaschung muss man erlebt haben, und die Salbung muss man auch erlebt haben. Man muss zugucken, was da alles stattfindet. *„Wenn dieser ein Prophet wäre, so wüsste er, wer und was für eine Frau das ist, die ihn anrührt; denn sie ist eine Sünderin."* (Siehe dto. Lk 7,39b) Er sagte: „Wenn Jesus wüsste, was das für eine Frau ist." Sie war eine stadtbekannte Frau, wodurch auch immer. Ich fahre fort. Es steht geschrieben: **<u>Und als er in Betanien war im Hause Simons des Aussätzigen und saß zu Tisch, da kam eine Frau, die hatte ein Alabastergefäß mit unverfälschtem, kostbarem Nardenöl, und sie zerbrach das Gefäß und goss das Öl auf sein Haupt (Mk 14,3).</u>** Während die Salbung vollzogen wurde, erfüllte der wunderbare Duft des Öls, das sich in dem kleine, geöffnete Alabastergefäß befand, das ganze Haus. Wenn du Gott dienst und für Ihn arbeitest, wird das ganze Haus – die ganze Gemeinde und unter Umständen sogar die ganze Gesellschaft – erfüllt! Solange das Salböl nur in dem verschlossenen Gefäß verbleibt, ist es wertlos. Es ist zwar ein gutes Parfüm, das teuer erstanden wurde, aber dennoch ist es wertlos. Es muss aufgebrochen und am richtigen Platz verwendet werden. Der Duft, der aus dem Alabastergefäß drang, war die Wende. Jesus wurde gesalbt und Satan erfüllte das Herz des Judas. Das Countdown begann. Das Gefäß wurde zerbrochen. „Das Weizenkorn muss sterben". Es gibt keine Abkürtzung, meine Brüder und Schwestern, auch nicht für Jesus. Wir müssen den Weg des Kreuzes gehen, ob es uns nun passt oder nicht (s. Mt 16,24). Das teile ich euch in aller Liebe mit.

Jesus sprach zu Petrus: *„Wenn ich dich nicht wasche, hast du keinen Anteil an mir."* Wenn wir uns nicht bewegen und etwas tun, wenn wir den Willen Gottes in unserem Leben nicht zulassen, haben wir keinen Anteil an Ihm. Jesus muss an uns die Waschung und Reinigung vollziehen. Petrus rief aus: „Herr, dann wasche mir noch dazu die Hände, meinen Kopf und alles andere" (vgl. Joh 13,9). „Nein", sprach der Herr. *„Ihr seid schon rein um des Wortes willen"* (vgl. Joh 15,3), und: „Die Füße reichen aus" (vgl. Joh 13,10a). Warum? Weil die Füße draußen in der Gülle waren. Sie gingen draußen auf den staubigen Straßen Palästinas umher und verletzten sich womöglich noch dazu. Die Füße reichen aus, denn die Füße haben Kontakt mit der Erde, mit dem Alltag, mit dem Leben. Deshalb ist die Fußwaschung genug.

Am Waschtrog scheiden sich die Geister. Dort zeigt sich, ob jemand einen Anteil an Jesus hat oder nicht, ob jemand ein echter Jünger ist oder nicht. Hier zeigt sich, ob du deiner Schwester oder deinem Bruder die Füße waschen kannst. In der Gemeinde, der ich viele Jahre als Pastor vorstand, fand regelmäßig die Fußwaschung statt. Anfangs, als die Gemeinde in Amerika hervortrat, stritt man sich darum, ob man nun beide Füße waschen solle, nur den rechten oder nur den linken. Es ist unerheblich. Wenn du den einen Fuß wäschst, füge den anderen hinzu; darauf kommt es nicht an. Wir wuschen beide Füße und es war angenehm. Es ist ein Dienst, den die Geschwister untereinander tun. Jemanden korrigieren und zurechtstutzen – das kann jeder, aber die Füße waschen und dienen, das nicht.

Es steht geschrieben: **Stand er vom Mahl auf, legte sein Obergewand ab, nahm einen Schurz und umgürtete sich (Joh 13,4 SLT).** Das Gewand ist ein Bild auf die Herrlichkeit. Darum würfelten die Leute später (s. Joh 19,23f.). Das ist Christentum: die Schürze zu nehmen und einfach zu dienen. Dadurch zeigt man: „Ich bin nicht nur ein Theoretiker." Er legte Seinen Talar mit den schönen Quasten ab, von dem sogar Kraft ausging. – Wenn man die Quaste berührt, geht von ihr Kraft aus. – Doch dessen entledigte Er sich. Er entledigte sich Seiner ganzen Herrlichkeit! *„Sanftmut und Herrlichkeit"* sind auch die Worte des Liedes, welches wir vorhin vernahmen.

„Wenn ich dir nicht die Füße wasche, so hast du keinen Anteil an mir", sprach der Herr zu Petrus. Die Fußwaschung durch Jesus war ein Akt der Demut vor dem Herrgott, dem Allmächtigen. Am Anfang war das Wort (s. Joh 1,1a HFA, GNB, NGÜ, NLB). Da siehst du, wie gewaltig Er war. Doch jetzt wird Er hier ganz klein. Ja, Er wird ein Zwerg. Er gibt uns damit ein Zeichen: Jesus wäscht den Sündern die Füße, dem Petrus u. a. Auch Judas hätte Er die Füße gewaschen, wenn er dageblieben wäre. Doch ihm wurde ein anderer Auftrag zugewiesen. Petrus sträubte sich. Es ist nicht möglich, die Fußwaschung menschlich zu erklären, auch nicht theologisch oder logisch. Es muss uns vom Heiligen Geist offenbart werden: „Ich muss meinem Bruder und meiner Schwester dienen und mich in Niedrigkeit beugen." Es geht nicht nur allein darum, dass ich meine Knie zum Beten beuge und niederknie, sondern darum, sich zu beugen, um die Füße zu waschen.

Jesus teilte dem Petrus später mit: „Hernach wirst du es erfahren", denn er wusste nicht, was das alles zu bedeuten hatte. *„Du wirst es aber hernach erfahren."* (Siehe Joh 13,7b) Später! Es ist für das andere Leben bedeutungsvoll, wenn du einst in der Ewigkeit bist. Dann wirst du erfahren: „Er diente mir. Er wusch mir die Füße. Er ermutigte mich. Er inspirierte mich." Ich möchte dich durch diese Predigt inspirieren. Ich betreibe hier auch „eine Fußwaschung" während ich predige. Ich will dich ermutigen. Die Fußwaschung ist etwas für deine Erlösung. Ich wiederhole es: „Wenn ich dir nicht die Füße wasche, hast du keinen Anteil an mir", sprach der Herr. Petrus möchte natürlich ganz gewaschen werden, aber Jesus sprach: „Es reicht, nur die Füße zu waschen." Es ist ja nur ein Beispiel. Wir sollten dem Beispiel Jesu folgen. Mein Thema lautet: Jesus gab uns ein Beispiel.

Fußwaschung ist ein Dienst der Aufrichtung und der Ermutigung. Der Herr richtet die Niedergeschlagenen auf (s. Ps 145,14). *Er heilt, die zerbrochenen Herzens sind und verbindet ihre Wunden* (s. Ps 147,3). „Fußwaschung" ist, die Niedergeschlagenen zu ermutigen. Es gibt so viele Niedergeschlagene in unserer Umgebung, die Ermutigung benötigen. Es sind solche, die von Satan unter der Gürtellinie niedergeschlagen wurden. Sie liegen niedergeschmettert zu Boden, gleich dem Mann, der von Jerusalem nach Jericho zog und bei dem der Samariter Halt machte. Wir sollen nicht einfach nur beten, gleich dem Leviten und dem Priester, die sich „im Tempel aufhielten". Nein! Steige von deinem Esel hinab! Der Samariter goss das Öl in die Wunde, reinigte sie mit Wein, verband sie und brachte ihn in die Herberge. Das ist Dienst an einem Niedergeschlagenen (s. Lk 10,30-35).

Fußwaschung ist eine unserer Würdigungen: „Ich darf jemanden ermutigen. Ich darf Herrgott spielen. Ich darf Heiland spielen." Jesus sprach: *„Ein Beispiel habe ich euch gegeben"* usw. Du darfst so werden wie Jesus! Also, nicht nur singen „So sein wie Jesus!", sondern so werden, wie Jesus war; wie Er wirklich war. Er diente, richtete Niedergeschlagene auf, heilte zerbrochene Herzen und verband die Wunden. Jesus wäscht die Füße! Hier diente Gott höchstpersönlich! Das darfst du auch tun in deiner Umgebung und wo immer du auch bist. Du darfst Gottesdienst halten. Gottesdienst findet nicht nur in der Gemeinde statt. Da wirst du ermutigt durch den Prediger, durch Bibellesungen, durch Gebet und Gesang. Aber zu Hause, in deiner Umgebung oder dort, wo du arbeitest, dient man Gott.

Fußwaschung ist etwas Großartiges! Ich bin dem lieben Gott dankbar für die Gemeinde, in der ich insgesamt etwa zwanzig bis dreißig Mal die Fußwaschung durchführte, jedes Jahr ein- bis zweimal. In manchen Gemeinden schloss man die Fußwaschung sogar gleich an das Abendmahl an. Abendmahl und Fußwaschung werden in manchen Gemeinden zusammen durchgeführt. Der Größere dient dem Kleineren, der Reichere dient dem Ärmeren, der Ältere dient dem Jüngeren, der Erfahrenere dient dem Unerfahrenen, der Reifere dient dem Unreifen. Ja, das ist Gottesdienst. Es zieht uns nach oben, wenn der eine dem anderen in der Art und Weise dient, wie es Jesus tat. Aber die meisten verlernten das. Jesus betonte ausdrücklich diesen Beispielcharakter währenddessen Er die Fußwaschung durchführte: *„Ein Beispiel habe ich euch gegeben"* usw. Einander die Füße waschen, mehr nicht. Wenn du das kannst, dann kannst du alles. Dann hast du die wahre Theologie studiert, denn das ist die wahre Theologie.

Warum müssen ausgerechnet die Füße gewaschen werden? Weil sie den Körper, den Menschen und dessen ganze Last tragen. Alles steht und fällt mit den Füßen, also damit, ob sie stark oder schwach sind. Die Füße haben Berührung mit der Welt. Wie oft bekamst du schmutzige Füße? Wie oft gerietest du in etwas hinein. Wie oft warst du dankbar, wenn dich deine Geschwister ermutigten mit Worten wie: „Ach komm, vergiss es. Das ist alles nur Schmarren!" So würde es der Bayer ausdrücken. Wir alle geraten irgendwann einmal in etwas hinein, gleich dem Judas. Du musst es tun. Dir bleibt nichts anderes übrig. Es ist Gott gewollt, dass Jesus verraten wird. Kannst du das verstehen? Es ist schwer. Ich beschäftigte mich lange mit Judas. Es ist schwer zu verstehen oder gar selbst diesen Weg zu gehen. Was wäre das Christentum ohne Judas bzw. ohne die Juden? Wir schimpfen auf die Juden mit Worten wie: „Sie kreuzigten den Heiland!" Doch sie mussten es tun! Ihnen blieb gar nichts anderes übrig! Es war der Wille des Herrn!

Wie oft wurden wir staubig und dreckig, und wie oft waren wir erschöpft. Doch dann kam jemand vorbei und demütigte sich. Als ich in Stuttgart diente, besuchte mich ein Bruder aus Balingen; es war ein Pastorenbruder. Normalerweise verhält es sich so: Wenn ein Pastor einen anderen Pastor besucht, bringt er meistens irgendetwas vor, was ihn bewegt. Nun gut. Nachdem er Platz genommen hatte, fragte er: „Johannes, wie geht es dir? Was machst du?" usw. Er wollte rein gar nichts von mir. Später fiel mir auf, dass dieser Bruder bei mir eine Fußwaschung vollzogen hatte. Er wollte nichts von mir, aber er nahm sich meiner an, interessierte sich für mich, fragte nach meinem Wohlbefinden und danach, was ich tun würde und ob alles in Ordnung sei. Er vollzog eine Fußwaschung, ohne es überhaupt nur zu wissen. *„Ein Beispiel habe ich euch gegeben"* usw. Diesen Bruder werde ich niemals vergessen! Mir nichts dir nichts, ohne einen Bedarf zu haben und ohne etwas von mir zu wollen, suchte er mich auf. Wenn du Menschen in ihrer Trübsal und Not besuchst, vollziehst du eine Fußwaschung, ohne eine Waschschüssel in die Hand zu nehmen.

Die Fußwaschung hat etwas mit Demütigung und Erhöhung zugleich zu tun. Der Größere demütigt sich vor dem Kleineren. Er erhöht den Kleineren dadurch, dass er ihn wichtig und ernst nimmt. Das ist Fußwaschung. Der allmächtige Gottessohn demütigte sich und wusch dem Buben die Füße, dem Petrus ganz besonders. Das erwartete keiner! Tue etwas Unerwartetes und du vollziehst automatisch eine Fußwaschung. Ob du dabei nun den linken oder den rechten Fuß wäschst, ist völlig unerheblich. Die Fußwaschung hat etwas mit Unterordnung zu tun. Der Starke dient dem Schwachen. Der Gastgeber dient den Gästen. „Mir botest du kein Wasser an", trug Jesus dem Pharisäer zu. „Aber diese Frau benetzte meine Füße mit ihren Tränen und trocknete sie mit ihrem Haar. Mit ihrem teuren Öl salbte sie meine Füße. Doch du tatest nichts von alledem" (s. dto. Lk 7,44b-46). Das ist Gottesdienst, Geschwister! Gottesdienst ist nicht, Halleluja zu rufen, zu wedeln, zu winken oder Theater zu spielen! Jesus zeigte das Folgende: Gott ordnet sich den Menschen unter; der Gerechte ordnet sich dem Ungerechten unter. Wir müssen lernen, als Gerechte den

Ungerechten zu dienen. Wir müssen lernen, dem „Judas" die Füße zu waschen und ihm dazu sogar noch „einen Kuss zu geben". Es ist also sogar noch viel mehr. Während der Fußwaschung wäscht man nicht nur die Füße, sondern man salbt sie noch dazu und man gibt einen Kuss. Das alles tat der Herr. Er gab Judas einen Kuss. Bei der Fußwaschung erleben wir Jesus, und auch, wie uns der Größere begegnet. Das wird unvergesslich bleiben! „Der Herrgott wusch mir die Füße!"

„Sie schickt der Herrgott!" Das kommt auch einer Fußwaschung gleich. Du dienst irgendjemandem und erhältst daraufhin ein solches Feedback. Das ist ein wohlgefälliger Gottesdienst. Das Wort des Herrn, welches gemäß der Überlieferung aus der Heiligen Schrift offenbar wurde und nachfolgend niedergeschrieben ist, lautet wie folgt: **Ich ermahne euch nun, Brüder und Schwestern, durch die Barmherzigkeit Gottes, dass ihr euren Leib hingebt als ein Opfer, das lebendig, heilig und Gott wohlgefällig sei. Das sei euer vernünftiger Gottesdienst (Röm 12,1).** Übergebet eure Leiber als ein lebendiges Opfer dem lebendigen Gott.

Die Fußwaschung ist eine besondere Offenbarung des Herrn, wie Gott hier zeigt. „Ich will dir dienen! Wie kann ich das denn überhaupt? Ich will nur mal bei dir vorbeischauen und dich grüßen." Es war vielleicht gar nicht viel, aber du rufst aus: „Er besuchte mich! Er fragte nach mir! Er interessierte sich für mich!"

Jesus dient Seinen Jüngern. Wir sind Seine Gäste. Er empfängt uns. Die Fußwaschung gehört an den Anfang des Geschehens, zum Empfang. Er dient uns. In dem Moment, da du Jesus in dein Leben aufnimmst, beginnt Er damit, den Dienst an dir zu vollziehen und dich zu stärken. Der Starke dient dem Schwächeren.

Ich fahre fort: Es steht geschrieben: **Als er nun ihre Füße gewaschen hatte, nahm er seine Kleider und setzte sich wieder nieder und sprach zu ihnen: Wisst ihr, was ich euch getan habe? Ihr nennt mich Meister und Herr und sagt es mit**

**Recht, denn ich bin's auch. Wenn nun ich, euer Herr und Meister, euch die Füße gewaschen habe, so sollt auch ihr euch untereinander die Füße waschen (Joh 13,12-14).** „Ich bin zwar nicht mehr da", spricht Jesus, „aber ihr sollt euch untereinander auf diese Art und Weise dienen." Das sollte eine bleibende Erinnerung sein. Immer dann, wenn eine Erweckung stattfand, ganz gleich wo – ob bei der Pfingstbewegung, bei der Gemeinde Gottes oder bei den Mennoniten –, überall setzte gleichzeitig die Fußwaschung ein. Warum? Weil es so im Wort Gottes steht: *„Ein Beispiel habe ich euch gegeben"* usw. Warum tut ihr es nicht? Nur Halleluja rufen? Nein! Ihr sollt einander auch in aller Demut dienen!

Dieser demütige Dienst war für den Heiland so wichtig, dass Er ihn sich bis zum Schluss aufhob. Jesus war ein Diener, und wir sind auch Diener Gottes. Wir sollen Seinem Beispiel folgen. Wir sind zwar keine Herrgötter, aber wir sind Gottes Hauspersonal. Wir „waschen den Menschen die Füße", d. h., wir dienen ihnen, wir ermutigen sie, wir tragen den Mist weg, was auch immer das bedeutet, und dergleichen mehr. Jesus kam nicht, um zu herrschen. Und ich lese hier, was nachfolgend geschrieben steht: **Aber Jesus rief sie zu sich und sprach: Ihr wisst, dass die Herrscher ihre Völker niederhalten und die Mächtigen ihnen Gewalt antun. So soll es nicht sein unter euch; sondern wer unter euch groß sein will, der sei euer Diener (Mt 20,25f.).** Am Samstag werde ich darüber predigen, was Jesus in der Hölle gesucht hat *(s. Predigt: „Was suchte Jesus in der Hölle" vom 16.04.2022).* Ein Thema, das du unbedingt hören solltest! Er suchte die Verlorenen! Er sucht die armen Sünder! Das sucht Er in der Hölle! Diese wollte Er befördern, wie auch immer das geschah. Wir sind nicht zum Herrschen da, sondern zum Dienen, also dafür, die Verlorenen zu suchen! Folge dem Beispiel Jesu! So spricht der Herr: **Wahrlich, wahrlich, ich sage euch: Wer jemanden aufnimmt, den ich senden werde, der nimmt mich auf; wer aber mich aufnimmt, der nimmt den auf, der mich gesandt hat (Joh 13,20).** *„Was ihr getan habt einem von diesen meinen geringsten Brüdern, das habt ihr mir getan."* Es geht um einen meiner geringsten

Brüder! Einer der Päpste wusch vor gar nicht allzu langer Zeit – es war an Gründonnerstag – zwölf Sträflingen eines Gefängnisses die Füße. Er suchte zwölf Sträflinge aus und diente ihnen. Kannst du dir das vorzustellen? Dass der Papst ihnen die Füße wusch, werden sie niemals vergessen! Ein Großer dient den Kleinen, den Sträflingen, den Gefangenen, den Sündern. Gott liebt die Sünder! Er will nicht, dass man den Pastoren und Bischöfen die Füße wäscht, sondern den Sträflingen. Du sagst vielleicht: „Das sind Sünder, denn warum sonst sitzen sie hinter Gittern in einer Strafanstalt!"

Jesus sprach, was nachfolgend geschrieben steht: **Der Größte unter euch soll euer Diener sein (Mt 23,11).** D. h., dass der Größte unter euch der Kleinste werden soll. Der Führende soll der Dienende werden. Ja, wascht einander die Füße. Seid großzügig zueinander. Dient einander in der Vergebung. Seid großzügig. Gebt klein bei. Was passiert ist, das ist passiert. Du kannst nichts mehr rückgängig machen. „Herr, wie oft muss ich meinem Bruder vergeben?", fragte Petrus. Das ist die Frage, wie nachfolgend geschrieben steht: **Da trat Petrus zu ihm und fragte: Herr, wie oft muss ich meinem Bruder vergeben, wenn er gegen mich sündigt? Bis zu siebenmal? Jesus sagte zu ihm: Ich sage dir nicht: Bis zu siebenmal, sondern bis zu siebzigmal siebenmal (Mt 18,21f.).** Vergib großzügig fünfhundert Mal am Tag. Vergebung ist das Gebot der Heiligen Schrift.

Du darfst eines nicht vergessen: Früher, bis zum Mittelalter – das fand selbst hier in Deutschland statt –, schüttete man den Unrat auf die Straße. Die Städte waren verdreckt. Deshalb gab es auch überall Seuchen und Krankheiten. Der Sklave wusch die Füße; er diente. Hier wusch der Rabbi, der Herr Jesus Christus, der Meister, die Füße! Der Lehrer wusch dem Schüler die Füße. Stell dir nur einmal vor, dass dein Herr Lehrer dir die Füße waschen würde. Der Größere dient dem Kleineren. So findet die Verwirklichung des Reiches Gottes statt! Der Herr aller Herren dient der gefallenen Menschheit; den gefallenen Menschen! Er dient nicht den Engeln, sondern den gefallenen Menschen. Das ist der Auftrag, den die Kinder Gottes haben! Wir sollen den gefallenen Menschen, wo auch immer wir uns befinden, ob innerhalb oder außerhalb der Gemeinde, dienen und die gefallene Person wieder aufrichten. Wer den gefallenen Menschen dient, der dient sich selbst. So jemand erfüllt Gottes Auftrag in seinem Leben. Das ganze Leben ist ein einziges Dienen. Betrachte das Leben: Kinder Gottes sind Diener des Herrn. Sie haben eine höhere Bestimmung. Derjenige, der die höchste Bestimmung in der Welt und im Universum hatte, war Jesus. Er diente und wusch den Jüngern die Füße in aller Liebe und Bescheidenheit. Jesus kam auf die Erde, um zu dienen. Er kam nicht, um die Herrschaft anzutreten. Er kam, um sich hinzugeben. Dafür steht die Karwoche. Dass wir uns hingeben, das erwartet Jesus auch von Seinen Jüngern. Ob jemand seinen Lohn, sein Dankeschön, seine Anerkennung, seine Medaille oder seine Auszeichnung empfängt ist vollkommen unerheblich. Wichtig ist, dass man eines Tages die Belohnung vom Herrn empfängt. Diene! Jesus sprach, was nachfolgend geschrieben steht: **Wer mir dienen will, der folge mir nach; und wo ich bin, da soll mein Diener auch sein. Und wer mir dienen wird, den wird mein Vater ehren (Joh 12,26).** An der Waschschüssel, mit einer Schürze bekleidet, da soll sich Sein Diener – und auch Seine Magd – befinden. Da ist der Herr Jesus zu finden. Oder, gleich dem Papst, hinter der Gefängnistür bei den Sträflingen. Da wäscht Er die Füße.

Wo ist der Herr? Wir sollen Gott in die verschiedenen Situationen, in denen sich die Menschen befinden, hineintragen; sogar in die unmöglichsten. Wo ist Jesus? Er ist immer dort, wo jemand in Not ist. Er ist immer dort, wo Menschen in Schwierigkeiten gerieten. Er ist immer dort, wo Menschen straffällig wurden. Er ist immer dort, wo Menschen keinen Ausweg mehr sehen. Er ist immer dort, wo die Menschen am Ende sind. Ja, dort ist Er zu finden. In der Hölle ist Er zu finden. „Pastor, was sagst du?", denkst du vielleicht. Er fuhr hinab an die untersten Örter der Unterwelt (s. Eph 4,9), und das ist die Hölle für mich. Er suchte dort die Verlorenen. Jesus geht den Verlorenen nach. Die Fußwaschung soll uns befähigen, dorthin zu gelangen, wo Jesus ist. Solange du nicht „auf die Füße blickst" gelangst du dort auch nicht hin. So wird man ein Apostel, ja ein Gesandter Gottes. Du möchtest vielleicht missionieren, nach Afrika auswandern o. Ä., aber beginne damit, zu Hause den Leuten, deinen Angehörigen, Familienmitgliedern usw., die Füße zu waschen! Ohne „der Fußwaschung" gelangst du nicht dorthin, wo Jesus ist. Nur durch die Fußwaschung findet das statt. *„Ein Beispiel habe ich euch gegeben"* usw. „Also, macht es so, wie ich es euch vorgelebt habe. Tut es dem Vorbild gleich, das ich für euch bin." Ohne der Fußwaschung wirst du überfordert sein, aber wenn du die Fußwaschung einmal verstanden und begriffen hast, wenn du innewurdest, was es bedeutet, sich zu beugen, sich niederzuknien, jemandes Füße zu waschen und zu beten, dann nicht. Ich erklärte damals meinen Geschwistern, was man während der Fußwaschung tut: „Man nimmt einen Fuß oder beide, segnet und salbt diese und betet für denjenigen, anbefiehlt diese Person dem Herrn. Man bittet, dass sie die Wege Gottes gehen möge, auch wenn ihre bisherigen Wege verkehrt waren." Du vergibst ihr die Sünden, denn Jesus sprach, was nachfolgend geschrieben steht: **Welchen ihr die Sünden erlasst, denen sind sie erlassen; welchen ihr sie behaltet, denen sind sie behalten (Joh 20,23).** Sei großzügig! Ohne der Fußwaschung gleichst du nicht Jesus, auch wenn du noch so viele Gebete sprichst. Die Tat zählt. Kinder Gottes sind Diener. Sie folgen dem Beispiel Jesu. Du benötigst die Fußwaschung, um den Weg des Segens zu gehen. Dir müssen die Füße von irgendjemandem, der über dir ist, gewaschen werden, der sich beugt, demütigt und extra zu dir kommt, gleich diesem Bruder aus Stuttgart, den ich vorhin erwähnte. Ich wartete die ganze Zeit darauf, dass er etwas fragen oder mich um etwas bitten würde, doch nichts dergleichen fand statt. Er kam und gab sich hin. Es ist schön, wenn man sich selbst hergibt und sich für jemanden zur Verfügung stellt, wenn man jemanden besucht, nach jemandem schaut oder sich nach jemandem erkundigt. Jesus sprach zu Petrus: *„Wenn ich dich nicht wasche, hast du keinen Anteil an mir."* Die Fußwaschung beteiligt dich und mich an Jesus. Durch die Fußwaschung begreifst du, was Gott wirklich tat: Er erniedrigte sich. Er beugte sich. Er nahm sich nicht wichtig. Er machte sich selbst zu einem

Sklaven. Bei der Fußwaschung lernst du, dem anderen zu dienen. Gewiss, Petrus empfing von Gott auch ein Wort, das wie folgt lautet: „Wenn du einmal älter wirst, wird dich ein anderer gürten" (s. Joh 21,18b). Dass wir jemand anderen gürten, ihm aufhelfen und ihn ermutigen, ist auch ein Dienst. Während die Fußwaschung vollzogen wird, lernen wir: Der Höhere dient dem Niedrigen. Wer von beiden bist du? Du tust, was dir der Herr befahl. Du bildest dir nichts ein. Während der Fußwaschung lernst du, da zu sein, wo Jesus ist. Du findest Jesus nur „am Waschtrog" vor, nicht am Kreuz. Das tat Er ein für allemal für dich, doch nun bist du gefordert. *„Ein Beispiel habe ich euch gegeben"* usw. Hier erfüllst du den Auftrag Gottes. Hier erfüllst du die Liebe Gottes. Hier lernst du, demütig zu sein. Hier lernst du, deine Knie zu beugen. Hier beginnt sich Gott der Herr zu offenbaren: „Was? Der Herrgott wäscht mir die Füße? Was ist denn das? Wo kann ich das überhaupt einordnen? Geht denn das überhaupt?" Hier beginnt Gott am Menschen zu wirken. Eine Veränderung findet statt. Petrus spürte durch die Fußwaschung die Liebe Gottes an seinem eigenen Leib; die körperliche Liebe: „Der Herr liebt mich!" Das ganze Leben geht von den Füßen aus. Ohne gewaschene Füße zu haben, kommen wir nicht durch. Die Jünger wären nicht durch die Passionszeit, die Verhaftung und Geißelung Jesu bis hin zu Seiner Hinrichtung gekommen, wenn nicht an ihnen die Fußwaschung vollzogen worden wäre. Das alles hätten sie nicht überlebt, wenn ihnen nicht zuvor die Füße gewaschen worden wären. Das war eine Vorbereitung auf das, was demnächst auf sie zukam. „Hernach wirst du es erfahren." Das ist ganz arg wichtig!

Du merkst vielleicht, dass irgendjemand etwas tun sollte. Du solltest beten: „Lieber Gott, wie kann ich ihm nur die Füße waschen?" Er muss vielleicht zum Gericht, inhaftiert werden oder dieses und jenes. Ich ging damals mit einigen Leuten, die in den Drogenhandel verwickelt waren, zum Richter und hörte während der Verhandlungen zu. So wussten die Geschwister: „Wir sind hier nicht allein!" Verstehst du? Begleite die Schwachen, die „zur Schlachtung" geführt werden. Meinem Sohn war nicht klar, was er nach dem Abitur lernen sollte, bis wir dann einmal in der Andacht lasen: „Steh denen bei, die zur Hinrichtung geführt werden" (vgl. Spr 24,11 NGÜ). Er wurde Rechtsanwalt und steht ihnen nun bei. Er half gern den Geschwistern in der Gemeinde, die Nöte hatten. Ohne etwas dafür zu verlangen, diente er ihnen. Ja, stehe denen bei, die zur Hinrichtung geführt werden. Ein Rechtsanwalt zu werden ist der Berufungsauftrag für sein Leben.

Ohne dass dir gedient wird, kannst du nicht dienen. Stehe denen bei, die zur Hinrichtung geführt werden. Ohne die Fußwaschung des Herrn wären wir, wie auch die Jünger, nicht durchgekommen. Sie wären nicht imstande gewesen, all den negativen Einflüssen zu widerstehen. Sie wären nicht imstande gewesen, die ganzen Tiefs, die sich in ihrem Leben auftaten, zu durchwandern. Sie überwanden es. Der Heiland konnte ihnen nachgehen, weil „ihre Füße gewaschen waren". Wir müssen schwere Wege gehen. Dazu benötigen wir die klare Anweisung Jesu, damit wir und die anderen das Ziel erreichen. „Steht einander bei. Ermutigt einander." Das gilt nicht nur für die Christen, sondern auch für die Nichtchristen. Diese brauchen manchmal mehr Ermutigung als die Christen. Steht denen bei, die zur Schlachtung geführt werden, also denen, die sonst vielleicht verlorengehen würden. Wir müssen richtig präpariert werden, um schwere Wege gehen und anderen Verständnis entgegenbringen zu können. Du musst diese Wege selbst gegangen sein, um es am eigenen Leib durchgestanden zu haben. Was dir schlecht bekam, bekommt auch den anderen Leuten schlecht. Was dir wehtat, tut auch den anderen Leuten weh. Du machtest dieses und jenes durch. Denke einmal darüber nach, was du bereits alles in deinem Leben erfuhrst. Ziehe einmal Bilanz und sinne nach: „Ja, vielleicht finde ich solche Leute, denen ich beistehen könnte, die nichts mehr zu essen haben, die gekündigt wurden, die dieses oder jenes Problem haben." Dabei ist es so wichtig, dass Jesus uns dieses Beispiel gab. Wir alle machten etwas Wichtiges in unserem Leben durch. Jesus sprach, was nachfolgend geschrieben steht: **<u>Und wo ich bin, da soll auch mein Diener sein (Joh 12,26b SLT).</u>** „Ich will, dass du da bist, wo ich bin." Jesus ist bei den Zerbrochenen, Kranken, Gebrechlichen, Verlorenen, Armen und

Unseligen! Ja, bei denen ist der Herr Jesus Christus! Lies einmal das Evangelium nach Johannes die Kapitel 13 bis 17 durch. Das alles gehört zur Vorbereitung zum Diener Gottes. Wir müssen schwere Wege gehen, und wir gehen diese schweren Wege oftmals nur wegen der anderen. Jesus vollzog den Kreuzesweg für die anderen, nicht für sich selbst. Er hätte es nicht nötig gehabt, zu sterben. Er tat es für die anderen und nicht für sich. Judas nahm sich das Leben, weil er verzweifelt war und weil er die Welt nicht mehr verstand, warum auch immer. Sein Dienst kam nicht so an, wie er es glaubte. Vielleicht dachte er: „Ich verrate jetzt Jesus und dann wird Er als Held hervortreten. Er wird die Römer richten und dieses und jenes wird stattfinden." Er wollte die Sache ein bisschen vorantreiben und beschleunigen. Wie oft denken auch wir, dass wir dem Herrn nachhelfen könnten. Wir wollen es beschleunigen, damit das Reich Gottes schneller hervorbricht. Nein! Das Reich Gottes wird kommen zu Seiner Zeit, auf Seine Art und Weise (s. Gal 4,4a). Judas verrechnete sich. Wie viele Menschen verrechneten sich schon in ihrem Leben. Doch Jesus liebt „den Judas" auch! Ich sage dir eines, ob du es glaubst oder nicht: Auch Judas wird im Himmel sein, denn der Herr rief jeden einzelnen Seiner Jünger heraus und erwählte ihn. Wenn Jesus jemanden erwählte, dann bleibt er erwählt, selbst wenn er verlorengeht, selbst wenn er sich das Leben nimmt. Jesus starb auch für die Selbstmörder. Er sprach: „Niemand nimmt mein Leben. Ich gebe es freiwillig" (vgl. Joh 10,18a). Er wollte sterben, damit selbst dem letzten Selbstmörder Rettung zuteilwird. Das teile ich dir in aller Liebe mit. Ja, du hast richtig verstanden.

Wir erhielten die Vollmacht Gottes, den Menschen zu dienen und sie zu ermutigen, gerade jetzt, wo so viele traurig sind. Wir sollen „auf Schlangen und Skorpione treten" (s. Lk 10,19) und tapfer sein (s. 2 Tim 1,7). Wir haben keinen leichten Weg; uns bleibt nichts erspart. Es steht geschrieben: **<u>Der Gott des Friedens aber wird den Satan unter eure Füße treten in Kürze (Röm 16,20a).</u>** Ja, der Gott des Friedens wird Satan bald zertreten und unter eure Füße stellen. Wir müssen schmutziges, schwieriges und gefährliches Gelände durchschreiten. Wir müssen auf Schlangen und

Skorpione treten. Wir haben keinen einfachen Weg. Aber der Herr ebnet den Pfad. Wir können einander ermutigen. Wenn du jemanden kennst, der schwere Wege geht, dann begib dich ins Gebet und flehe: „Herr, segne die Marie, die Luise, den Fritz, den Karl!" oder wen auch immer. „Herr, segne sie!" Satan wird zertreten. Du stehst auf einem besiegten Feind, also sei nicht so zimperlich. Du musst Dinge tun, die dir vielleicht gar nicht liegen und du rufst aus: „Füße waschen, was soll das?" Vielleicht musst du auch Dinge tun, die du zuvor niemals tatest. Vielleicht machte diese oder jene Person einen Ausrutscher. Jesus taucht Seinen Bissen ein, reicht ihn Judas und beide verzehren ihn. Beide sind Schicksals- und Leidensgenossen. Petrus „rutschte aus". Er verleugnete den Herrn. Das war genauso schlimm und dreckig wie das, was Judas vollzog. Er log Jesus sogar an und sprach: „Diesen kenne ich nicht." Jesus betrachtete ihn. Das fand nicht nur bei dem kleinen Mädchen und dem Hohepriester statt, sondern vor Jesus selbst (s. Joh 18,26 sowie Joh 18,17.25.26f.). Petrus ist sogar noch schlimmer als Judas. Doch Jesus geht Petrus nach, und nachdem Er die Auferstehung erfuhr, sprach Er: „Petrus, hast du mich lieb?" (Vgl. Joh 21,15a.16a.17a) Menschen rutschten aus oder liefen davon, gleich der Jünger Jesu. Aber sie bekamen wieder Boden unter ihre Füße, weil ihnen die Füße gewaschen wurden, und zwar von Jesus selbst. „Petrus, hast du mich lieb? Komm einmal her und setze dich zu mir." Und dann streichelt Er den Petrus und gibt ihm vielleicht auch einen Kuss. Jesus reinigte ihn, bevor das alles stattfand. Er sprach die Worte aus, die nachfolgend geschrieben stehen: **<u>Ich aber habe für dich gebeten, dass dein Glaube nicht aufhöre (Lk 22,32a).</u>** Bestimmt betete Er für Judas, dass alles recht wird, und auch dafür, dass er alles richtig macht, obwohl er alles falsch macht, verstehst du? Gott segnet auch, wenn wir Fehler begehen und alles falsch machen.

Ganz verrückt ist das Folgende: Satan soll unter unseren Füßen sein. Unter deinen Füßen ist der einzige Platz, wo Satan sich aufhalten und wo du ihn zulassen darfst. Unter deinen Füßen tobt die Hölle! Da tun sich Abgründe auf! Da findet etwas statt! Das ist die Karwoche; Karfreitag! „Sie haben meinen Herrn gekreuzigt!" – das wird mein Thema sein *(s. Predigt: „Sie kreuzigten Ihn" vom 15.04.2022).* „Meinen Herrn kreuzigten sie! Meinen Herrn nahmen sie! Wo ist Er?" Satan will „in die Ferse Jesu stechen" (s. 1 Mose 3,15b). Er will den Fortschritt aufhalten. Damit der Fortschritt, die Sache Gottes, nicht aufgehalten wird, darum ist die Fußwaschung so wichtig! Es steht geschrieben: **<u>Und alles hat er unter seine Füße getan und hat ihn gesetzt der Gemeinde zum Haupt über alles, welche sein Leib ist, nämlich die Fülle dessen, der alles in allem erfüllt (Eph 1,22f.).</u>** Alles liegt unter den Füßen des Leibes Christi. Es liegt nicht unter deinen Füßen, sondern unter den Füßen Jesu Christi! Satan stach in Seine Füße, doch Jesus auferstand triumphierend! *„Es ist vollbracht!"* (Siehe Joh 19,30a) Es ist alles getan! Es ist alles vorbei! Das ist die Geschichte von Ostern! Es ist alles getan, was getan werden musste, durch wen auch immer. Satan liegt unter deinen Füßen bzw. unter den Füßen Jesu Christi! Du musst dich darum nicht sorgen! Das Wunder geschah in den Krügen, die man damals zur Fußwaschung in Kana benützte, wo die Verwandlung von Wasser zu Wein stattfand. Bei den Krügen geschah das erste Wunder Jesu, diese Veränderung und was dadurch alles stattfand (s. Joh 2,9-11a). Diese Krüge waren ausdrücklich für die Fußwaschung vorgesehen (s. Joh 2,6). Wunder geschehen, wenn wir beginnen auszuführen, was Er zu uns spricht, was Er uns zeigt und was Er uns befiehlt (s. Joh 2,5). Der Willige hat Satan unter seinen Füßen. Jesus entäußerte sich und niemand kann etwas dagegen sagen. Jesus nahm keine Ehre von Menschen. Er diente. Er diente Petrus, damit er später sein Ziel erreichen konnte. Wir sollen einander dienen, damit die Geschwister ihr Ziel erreichen und dorthin gelangen, wohin sie gelangen sollen.

Die Kennzeichen wahrer Demut sind die, dass du zunächst einmal nicht mehr empfindlich bist und Worte sprichst wie diese: „Das ist unter meiner Würde!" Der Demütige lässt sich als Schlachtschaf behandeln. Das Lämmchen wird zur Schlachtung geführt. Jesus demütigte sich. Er schlug nicht zurück. Er schwieg. Er stand vor dem Hohepriester, vor Pilatus. Man spuckte Ihn an (s. Mt 27,30a). Er nahm das alles auf sich. Jesus nahm die Sünden aller Menschen, auch die von Judas, auf sich. Das teile ich dir in aller Liebe mit. Studiere die Theologie und meditiere einmal darüber! Jesus wählte den letzten und untersten Platz. Er diente den anderen, nicht sich selbst. Gott will dich ganz nach oben bringen und befördern, sodass du ausrufst: „Er wäscht mir die Füße! Ach, wer bin ich?" Und dann rufst du aus: „Wasche mich ganz, lieber Heiland!" „Nein, die Fußwaschung ist genug", spricht der Herr. Wir wollen weniger reden und mehr tun, Brüder und Schwestern, und zu Tätern des Wortes werden (s. Jak 1,22-25). So wie Jesus diente, so wollen auch wir dienen.

**Gebet:** Jesus, in dieser Karwoche denken wir an Dich. Du gabst alles! Du warst alles für uns Menschen! Du wurdest für uns ein Sünder! Du dientest uns und jedem Einzelnen damals wie heute, und wir wollen Deinem Beispiel und Deinem Vorbild folgen und Deine Nachahmer sein! Lieber Gott, segne uns und gib uns viel Gnade, damit wir das auch tun können. Amen

# Teil 3

Predigt von Pastor Joh. W. Matutis

## „Anders leben"

Anders leben

*„Danke für die Zeit zum Leben".* Es ist Gnade, wenn man alt wird, das Leben genießen und einmal lebenssatt heimgehen kann. Mein heutiges Thema lautet wie folgt: „Anders leben", also anders zu leben als die Menschen da draußen auf der Straße, die Masse. Ihr seid *„Kinder des Lichtes"*, wie es einmal im Wort Gottes geschrieben steht (siehe 1 Thess 5,5a). Ihr seid also nicht mehr Kinder der Finsternis, der Befangenheit (s. 1 Thess 5,5b). Lebt nun als Kinder des Lichts!

Mein Einstieg ist eine Botschaft aus dem Brief an die Epheser Kapitel 5. Das Wort des Herrn, welches gemäß der Überlieferung aus der Heiligen Schrift offenbar wurde und nachfolgend niedergeschrieben ist, lautet wie folgt: **Denn ihr wart früher Finsternis; nun aber seid ihr Licht in dem Herrn. Wandelt als Kinder des Lichts; die Frucht des Lichts ist lauter Güte und Gerechtigkeit und Wahrheit. Prüft, was dem Herrn wohlgefällig ist, und habt nicht Gemeinschaft mit den unfruchtbaren Werken der Finsternis; deckt sie vielmehr auf (Eph 5,8-11).** Wir sollen das Licht, das in uns ist, ausleben und proklamieren, damit das Böse und Negative blamiert wird. Und weiter steht geschrieben: **Denn was von ihnen heimlich getan wird, davon auch nur zu reden ist schändlich. Das alles aber wird offenbar, wenn's vom Licht aufgedeckt wird; denn alles, was offenbar wird, das ist Licht. Darum heißt es: Wach auf, der du schläfst, und steh auf von den Toten, so wird dich Christus erleuchten (Eph 5,12-14).** Gott möge uns Gnade schenken beim Zuhören des Wortes, auf dass wir Kinder des Lichtes werden, auf dass wir strahlen, auf dass wir gesund sind, auf dass wir – wie man im esoterischen Metier sagt – eine Aura haben. Der gläubige Mensch ist ein neuer Mensch in Christus. Er lebt nicht mehr aus sich selbst heraus, sondern, durch die Gnade Gottes, durch den Heiligen Geist. Paulus stellt hier den Gegensatz zwischen dem Heiden und dem, was Jesus, der Christ, ist, heraus. Der Gläubige lebt anders. Er lebt nicht mehr nach den alten Gesetzen, Vorschriften, Regeln und Dogmen. Ein guter Christ bricht die Tabus. Auch das Judentum ist nicht mehr das, was es einmal war und was Gott wollte. Die Juden wurden gesetzlich, traditionell und buchstabengläubig: „Hier steht es geschrieben, dass ihr dieses oder jenes tun müsst!" Die Bibel ist nicht unser Papst! Sie ist Gottes Wort und von Ihm inspiriert. Wir müssen sie übersetzen, in unser Leben übertragen, und nicht nur buchstabengläubige Paragraphenreiter sein: „Das ist der Paragraph soundso, der sich auf dieser oder jener Seite befindet." Paulus geht es viel mehr um das innere Leben als um das äußere. Es geht ihm also nicht darum, dass man Sabbate hält, äußerlich rein ist, aber innerlich nicht. Das Innere ist wichtig! Wir sind genau das, was wir innen drin sind. Der wahre Gläubige hört auf Jesus, auf die innere Stimme des Geistes. Maria sprach: *„Was Er euch sagt, das tut."* (Siehe Joh 2,5) Jesus sprach immer wieder die folgenden Worte aus: *„Ihr habt gehört, dass zu den Alten gesagt ist: ..."* sowie *„Ich aber sage euch: ..."* (Siehe Mt 5,21ff.) Wenn jemand nicht auf Jesus hört, dann ist derjenige nicht errettet. Wie höre ich auf Jesus? Gut, dass du fragst. Indem ich mir Gedanken mache, meditiere und nachdenke wie folgt: „Herr, was ist Dein Wille? Was würdest denn Du jetzt in meiner Situation tun? Wenn Du eine Ohrfeige bekämst, was würdest Du tun?" Gib! Neige auch die andere Seite zu ihm hin, damit er blamiert ist (s. Mt 5,39). Wer nicht auf Jesus hört, befindet sich „im falschen Zug". So jemand betet die falschen Götter an. Er lebt „im falschen Rhythmus". Jesus sprach einmal: *„Ich bin der gute Hirte"*, der euch auf rechtem Weg führt (s. Joh 10,11a und Joh 10,4). Wir sollen Gott finden durch den Heiligen Geist. Das war die Ansicht Gottes, die Er sich mit Jesus Christus vornahm. Finde Gott in dir selbst, denn Er ist in dir. Eigentlich bräuchtest du überhaupt keine Bibel, wenn du nur auf die Stimme des Heiligen Geistes hören und darüber meditieren würdest. Die ersten Christen besaßen noch kein Neues Testament. Das wurde ihnen erst 300 Jahre nach Christus zuteil, in derselben kompletten Ausführung, wie wir es kennen. Das Alte Testament wurde etwa um 600 Jahre vor Christus von Esra verfasst. Sie lebten ohne die Bibel, aber sie hatten Christus und das Wort Gottes in sich. Immer wieder befragten sie den Herrn: „Lieber Gott, was würdest Du tun? Was ist richtig, was ist falsch? Wie kann ich Dir am besten dienen?"

Das Wichtigste im Glaubensleben ist die Liebe. Hoffnung hört auf, Glaube hört auf, aber die Liebe bleibt bis in alle Ewigkeit (s. 1 Kor 13,8a.13). Nur der ist auf dem Weg zum Thron Gottes, der sich nicht beirren lässt. Selbst wenn er „in der Wüste" ist, hört er die Stimme Gottes. Wenn du dich in der Wüste befindest, kannst du nicht die ganze Bibliothek, alle christlichen Bücher, mitnehmen. Es gab keine Handys, keine Smartphones, und du konntest gar nichts groß machen, außer auf deine Stimme achtzugeben. In der Wüste Juda setzte ich mich damals einmal von meiner Gruppe ab und ging in eine Mulde. Dort hörte ich sogar mein Herz klopfen. Obwohl kein einziger Vogel singt, hört man Stimmen, und man fragt sich, woher sie denn eigentlich alle kommen. Wir Menschen empfangen Stimmen. Manche denken, man wäre verrückt, nur weil man Stimmen hört. Nein, wir sind nur dann verrückt, wenn wir diese Stimmen falsch gebrauchen und uns von ihnen treiben lassen. Höre die Stimme Gottes! Jesus spricht: *„Meine Schafe hören meine Stimme"* usw. (Siehe Joh 10,27a) Wenn du dich hinsetzt und die Worte „Lieber Gott" aussprichst, dann wird Er zu dir sprechen. Es kommen dir Gedanken, auf die du selbst niemals kommen würdest. Zuerst wird „Stroh gedroschen". Zuerst tritt alles Oberflächliche und Nebensächliche ans Licht und erst danach tritt die Hauptsache hervor. Die Hauptsache ist, auf Gott zu hören, auf das, was Er zu dir spricht. *„Meine Schafe hören meine Stimme"* usw. Es ist so wichtig, dass wir die Stimme Gottes, also die Stimme Jesu, hören! Ich beschäftigte mich lange Zeit mit dem Nahtod. Das tat ich aufgrund meiner eigenen Erfahrung. Ich wollte genau wissen, wie es auch die anderen erlebten. Bei Elisabeth Kübler-Ross liest man, dass da ein Licht erscheinen und eine Stimme hörbar werden würde, die spricht: „Komm! Komm! Komm!" Ich konnte nicht glauben, dass alle Menschen das Gleiche erleben, denn es muss einen Unterschied geben zwischen Christen und Nichtchristen. Also lud ich einen Pastor aus Amerika ein, der einige Stunden klinisch tot war, und ich fragte meinen Bruder: „Wie war es bei dir? Hörtest du auch eine Stimme?" „Ja", teilte er mir mit, „eine

Stimme sprach eben diese Worte aus, aber sie waren so kalt und herzlos!" Er fragte sich, als er im Koma lag, wer diese Stimme denn sei: „Wer bist du?" Aber diese Stimme konnte sich nicht identifizieren. Es gibt viele Leute, die eine solche Stimme während des Sterbens erleben. Doch als er die erste Stimme fragte, wer sie sei, verschwand sie! Später, als wieder eine Stimme sprach – er war aber schon tot –, fragte er: „Wer bist du?", und sie sprach: „Ich bin Jesus, dein Herr, dem du dienst." Jesus identifiziert sich! Diese Herren, Herrschaften und Geister müssen sich identifizieren! Deshalb ist es, wenn du etwas erlebst und erfährst, so wichtig, die Frage zu stellen: „Wer bist du? Was für ein Guru oder was für ein Geistwesen bist du?" Jesus identifiziert sich: *„Ich bin der gute Hirte"* sowie *„Ich bin das Licht für die Welt"* (s. Joh 8,12a HFA, GNB), „Ich bin das Leben" (s. Joh 14,6a), *„Ich bin die Auferstehung"* (s. Joh 11,25a). Als Gläubiger lebst du nicht mehr in der Finsternis bzw. in der Ungewissheit. Finsternis ist für mich Ungewissheit. Achte auf deine Gedanken. Welche Gedanken hast du? Unsere Gedanken bestimmen unser Leben. Unsere Gedanken bestimmen unsere Worte, und unsere Worte bestimmen unsere Taten. Und so ist das Leben. Woher empfange ich diese Impulse? Wer verleiht sie mir?

„Lebe anders" ist mein heutiges Thema; selbst wenn du nichts Verbotenes tust. Lebe anders als die moralischen Leute, die edel und gut sein wollen. Lebe aus einem anderen Geist heraus. Eine andere Stimme soll dich leiten und dirigieren. Früher lebten die Leute ohne Gott in Rebellion. Sie sagten: „Warum ließ Gott das zu? Warum schickte Er mir nur diesen Menschen über den Weg?" Warum widerfuhr mir dieses oder jenes?" Sünde ist nicht, Zielverfehlung, wie die Griechen sagen, sondern Sünde ist eher das, was die Hebräer meinen, wenn sie sagen: Sünde ist Rebellion wider Gott, wider die Autorität bzw. wider dieses Über-Ich, das über meinem Leben wacht. Jeder Mensch hat ein Über-Ich, das über seinem „ich" steht und ihn führt, steuert und leitet. Es steht geschrieben: **Denn die sich vom Geist Gottes leiten lassen, sind Kinder Gottes (Röm 8,14 EU).** Achte auf deine Gedanken, auf deine

Worte, auf dein Benehmen und auf deine Beziehungen. Mit wem kommst du zusammen? Von daher wirst du so viele Impulse bekommen. Achte auf die Leute, die dir über den Weg laufen: „Der hat's gesagt!" „Von dem habe ich's erfahren!" Achte auf Rebellion! Achte auf den Bösen! Satan ist nicht böse. Er kommt mit guten Absichten. *„Ja, sollte Gott gesagt haben ...?"* (Siehe 1 Mose 3,1) Das ist sein erster Gedanke. Er ist dein Freund und Helfer. So kommt er daher. Er versucht, unser Leben zu vereinnahmen. Er versucht, uns zu kontrollieren und zu steuern. Und wenn du Satan den kleinen Finger gibst, nimmt er gleich die ganze Hand, und dann zieht er dich. Und noch etwas Wichtiges sage ich dir: Achte darauf, wer dein Leben kontrolliert und bestimmt: „Wem gab ich meine Einwilligung?" Ich stehe auf diesem Standpunkt: Niemand kann mich beherrschen, es sei denn, ich gebe die Herrschaft diesem Wesen, dieser Person, diesem Geist oder diesem Gedanken. Wer beherrscht mich? Satan versucht, uns gut zuzureden, aber er will uns in eine Falle führen oder verraten. Er blamiert uns und sagt: „Ja, du hast es getan." Ja, das stimmt auch, aber ich ließ mich verführen.

Im Brief an die Epheser Kapitel 5 informiert uns Paulus über den Lebensstil der Christenheit. Er informiert uns darüber, dass sie sehr sorgfältig leben und ihre Gedanken prüfen. Sie prüfen ihre Umgebung und erkennen dadurch, mit wem sie es zu tun haben. Die Welt ist schmutzig und ansteckend. Es gibt so viele Krankheiten. Sie existieren in dieser Welt. Du kannst noch so gesund sein, du wirst angesteckt. Prüfe, mit wem du es zu tun hast. Während der Zeit der Corona-Pandemie gab ich kaum irgendjemandem die Hand. Ich wusch mir die Hände so oft wie möglich. Du kannst so schnell angesteckt werden und weißt nicht, von wem. Nimm Christus dorthin mit, wo du dich befindest. Sprich die Worte laut aus: „Herr Jesus Christus, steh mir bei. Hilf mir, dass ich mein Leben in vollen Zügen genießen kann." In dem eben erwähnten Kapitel des Epheserbriefes richtet Paulus den Appell an uns, Jesus nachzuahmen. „Kopiert Jesus! Versucht, von Jesus zu lernen!" Du kannst nicht von allen Leuten lernen, aber von Jesus. „Jesus, was würdest Du denn tun in meiner

Situation?" Gleich so, wie ein Kind seine Eltern nachahmt, soll ein gläubiger Christ Gott oder Jesus Christus nachahmen. Ahme Gott nach, nicht nur irgendeinen Propheten, Apostel, Pastor oder Lehrer, sondern Ihn. Es steht geschrieben: <u>So ahmt nun Gott nach als geliebte Kinder und wandelt in der Liebe, wie auch Christus uns geliebt hat und hat sich selbst für uns gegeben als Gabe und Opfer, Gott zu einem lieblichen Geruch. Von Unzucht aber und jeder Art Unreinheit oder Habsucht soll bei euch nicht einmal die Rede sein, wie es sich für die Heiligen gehört, auch nicht von schändlichem Tun und von närrischem oder losem Reden, was sich nicht ziemt, sondern vielmehr von Danksagung. Denn das sollt ihr wissen, dass kein Unzüchtiger oder Unreiner oder Habsüchtiger – das ist ein Götzendiener – ein Erbteil hat im Reich Christi und Gottes. Lasst euch von niemandem verführen mit leeren Worten; denn um dieser Dinge willen kommt der Zorn Gottes über die Kinder des Ungehorsams. Darum seid nicht ihre Mitgenossen (Eph 5,1-7).</u>

In dem Evangelium nach Matthäus Kapitel 5 lese ich, was nachfolgend geschrieben steht: <u>Darum sollt ihr vollkommen sein, wie euer himmlischer Vater vollkommen ist (Mt 5,48).</u> Unser Verlangen und unser Bestreben soll die Vollkommenheit sein. In diesem Zusammenhang erklärt Paulus hier, wie diese Nachahmung Jesu, die wir als Christen vollziehen, denn nun eigentlich aussehen soll. Wir sollen die Gottähnlichkeit erfahren. Das teilte uns Gott mit, und Satan hörte es, deshalb redete er es der Eva im Garten Eden ein: *„Ihr werdet sein wie Gott"* usw. (Siehe 1 Mose 3,5) Doch das werden wir nicht aus der eigenen Leistung heraus, sondern aus der Liebe Gottes. Gott liebt uns, und deshalb willst du so sein wie Er, das tun, was Er spricht und Seinen Willen befolgen. Die Liebe Gottes zieht uns nach oben. Durch die Liebe Gottes wirst du so sein, dass du nichts Übles und Negatives mehr suchst. Es sollte, gemäß Paulus, unter den Gläubigen weder Unzucht noch Unreinheit sein. Sie sollen weder habgierig sein, noch Götzendienst betreiben. Ihre Rede sollte weder närrisch sein bzw. aus losem Geschwafel bestehen, noch aus einer geistlosen Rede, die keinem etwas nützt. Frage dich immer: „Was nützt mein Reden, wenn ich mich mit jemandem unterhalte?" Unser Reden soll entweder ein *„Ja, ja"* oder ein *„Nein, nein"* sein (s. Mt 5,37a). So viele Leute lassen sich ablenken. Das wahre Christentum besteht aus guten Tugenden. Der wahre Christ hebt sich total von der Kultur der Heiden ab. Er ist zwar kein Eigenbrötler, aber er hebt sich ab: „Das ist nichts für mich! Das ist nicht förderlich für mich. Das entspricht mir nicht. Das dient nicht meiner Entwicklung." Bei allem fragt er sich, ob Gott dadurch verherrlicht wird. Wir sollen grundsätzlich zur Ehre Gottes leben: „Verherrlicht denn mein Leben und mein Benehmen Gott? Verherrlichen denn meine Worte Gott? Was teile ich mit?" Wir sollen nicht närrisch sein. Wenn, dann sollen wir vielmehr über uns lachen als über die anderen. Viele lachen gern über andere Menschen. Was damals den Griechen als selbstverständlich galt, war den Christen ein Abscheu. Sie nahmen an deren Festen nicht teil. Die Griechen und die Römer waren Verbrecher. Sie gingen über Leichen. Das Menschenleben war ihnen nicht viel wert. Lies einmal die Göttergeschichten der Griechen. Da kämpft eine Gottheit wider eine andere. Die Christen sagten: „Nein, wir wollen nicht widereinander kämpfen, sondern füreinander und miteinander sein und das Leben gemeinsam gestalten. Christen leben anders. Ich diene den Menschen schon mehr als fünfundfünfzig Jahre. Ich weiß, worauf es wirklich ankommt. Die Menschen wollen nicht nur Worte hören, sondern auch Taten sehen. Taten sind wichtig! „Wer die Sünde ganz bewusst praktiziert, hat keinen Anteil am Reich Gottes", verkündigt Paulus immer wieder in seinem Brief an die Epheser. Diejenigen, die keinen Anteil am Reich Gottes haben, nicht rein gewaschen wurden durch das Blut Jesu Christi, und die nicht geheilt wurden, sind auch nicht gerecht gemacht. Sie können vor Gott nicht bestehen. Sie werden viele Fragen haben, aber ihre Probleme werden nicht gelöst. Es steht geschrieben: **Darum seid nicht ihre Mitgenossen (Eph 5,7).** Seid keine Mitgenossen der Heiden, der Griechen, der Gottlosen, der Germanen und welcher Menschen auch immer. Ich denke hierbei ganz besonders an die Deutschen. Wie viele von ihnen gingen ins Verderben, weil sie einem Guru den Heil-Ruf entgegenbrachten! Wir sind frei, Gott zu dienen. Wir müssen nicht jedem Deppen nachlaufen. Für Paulus war dieses Leben heidnisch und in Finsternis. Sie scherten sich nicht darum, was eigentlich mit ihnen geschah. Das christliche Leben befindet sich im Licht. Da macht man sich Gedanken: „Wofür lebe ich denn überhaupt? Woher komme ich und wohin gehen ich?" Christen wissen, dass sie alles dalassen müssen. Ja, wenn wir von dieser Welt gehen, müssen wir alles dalassen. Am Besten ist es, sich jetzt schon von allem zu lösen, wenn man es kann. Aber scheinbar benötigt man noch so vieles. Gemäß Paulus sollen die Christen nicht mehr so leben wie früher. Sie sollen jetzt anders leben. Sie sollen offen und ehrlich sein und sich untereinander die Wahrheit mitteilen. Einer wissenschaftlichen Studie der Engländer zufolge, soll der Menschen zweihundert Mal am Tag lügen. Das kann man gar nicht glauben. Manchmal denkst du, dass du die Wahrheit sprichst, doch du gabst die Worte der anderen weiter, ohne sie zuvor geprüft zu haben, wie folgst: „Was teilte mir diese Person denn eigentlich mit?" Du sollst ehrlich und anständig sein und dir nichts weismachen lassen. Du sollst einig sein, wenn du mit der Familie, den Geschwistern, den Freunden und den Bekannten zusammen bist, und sie tolerieren. Paulus schreibt, dass wir Christen unserer Berufung gemäß würdig leben sollen (s. Eph 4,1). Wir wollen einmal zu Gott kommen. Wir wollen einmal mit Christus regieren, und wir sollen jetzt schon auf Erden lernen, unser Leben zu kontrollieren. Selbstbeherrschung – für sich geradezustehen – ist eine Frucht des Heiligen Geistes (s. Gal 5,23f.). Wir sollen würdig leben, denn erst dann ist unser Leben wertvoll. Ja, wir sollen würdig, königlich, priesterlich und prophetisch leben. Das heißt, wir sollen im Einklang und in Übereinstimmung mit Gott leben. Wir sollen ein Gott wohlgefälliges Leben führen. Als Errettete sollten wir uns so verhalten, wie Christus sich verhielt. Wie verhielt Er sich denn überhaupt?, und zwar nicht nur, als Er Seine Jünger berief, sondern auch, als Er gepeinigt, geplagt und gekreuzigt wurde. Denke einmal darüber nach. Errettete sollen als Sieger und Überwinder leben. Sie sollen durchhalten und nicht als Versager oder Leistungsempfänger enden. Wir sollen Alleskönner sein. Paulus sprach einmal die Worte aus, die nachfolgend geschrieben stehen: **Ich vermag alles durch den, der mich stark macht, Christus (Phil 4,13 SLT).** Du kannst auf einem Strohhaufen schlafen, in einem Luxushotel, in einer Jugendherberge oder sonst irgendwo. *„Ich* *vermag alles"*, d. h., ich komme mit wenig und mit viel zurecht.

Wahre Gläubige leben ein ausbalanciertes, ausgewogenes und ausgeglichenes Leben. Ja, sie haben eine Balance. Nichts wirft sie nieder. Nichts bringt sie aus der Fassung. Sie leben ohne Übertreibung und ganz normal. Sie führen ein Gott wohlgefälliges, von Gott anerkanntes Leben. Es ist nicht etwa anerkannt von einem Propheten, einem Pastor, der Gemeinde oder einer Kirche, sondern von Gott. Geschwister, und genau das ist es, worum es mir in meiner heutigen Predigt „Anders leben" geht. Ich will von Gott anerkannt werden. Es ist mir gleichgültig, was die Menschen über mich denken. Sie denken immer irgendetwas. Das eine Mal sind wir bei ihnen unten durch, das andere Mal klopfen sie einem auf die Schulter, das nächste Mal „heben sie dich wieder in den Himmel" und dann lassen sie dich wieder fallen wie eine heiße Kartoffel. So sind die Menschen. Sei anerkannt bei Gott! Die Berufung und das Verhalten eines Gläubigen ist ausgewogen, in Balance und im Gleichgewicht. Viele Menschen haben Gleichgewichtsstörungen. Es sind überwiegend ältere Menschen. Sie benötigen einen Rollator. Das sage ich euch in aller Liebe. Ich verdamme diese Menschen nicht, aber es ist wahr: sie sind nicht ausgeglichen. Das äußere Wohlbefinden beginnt im Inneren. Dann sagen sie: „Ich habe keine Balance." Doch sobald die Menschen eine Balance haben und ausgeglichen sind, leben sie ein ausgewogenes Leben. Damals ging ich mit meiner Frau nach dem Gottesdienst auf den Friedhof. Ich sagte zu ihr: „Heidi, konzentriere dich auf diesen Punkt, denn dann hast du keine Gleichgewichtsstörungen mehr." Sobald sie das aber vernachlässigte, begann sie zu wanken. Es ist für dich so wichtig, dich auf den Punkt zu konzentrieren. Was ist im Leben das Wichtigste? Ein ausgewuchtetes Leben! Nach dem Aufziehen der Autoreifen müssen sie ausgewuchtet werden, damit sie gleichmäßig laufen und nicht holpern. Auch wir sollen als Christen gleichmäßig leben. So verläuft dann auch unser Leben: Gleichmäßig, in Verantwortung vor Gott, in Einheit mit Ihm; Einssein mit dem Vater, dem Sohn und dem Heiligen Geist.

Das Verhalten eines Christen betrifft das persönliche Leben und seine Beziehungen zu den Geschwistern und Glaubensbrüdern. Die Frage ist, wie ist deine Beziehung zu deiner Familie, zu deinen Geschwistern, zu deinem Vater und zu deiner Mutter? In der Bibel steht, dass du Vater und Mutter ehren sollst (s. 2 Mose 20,12a). „Der oder die Alte weiß gar nichts!" Als Mark Twain etwa 20 Jahre alt war, sagte er: „Vati, du weißt gar nichts darüber, wie die Welt aussieht!" Als er 40 Jahre alt war, gestand er: „Manchmal hatte mein Vater recht!" Später sagte er: „Mein Vater hatte in allen Belangen immer recht!" Doch in jungen Jahren äußerte er: „Was will mir der Alte schon sagen! Er hat doch gar keine Ahnung!" Gewiss, heute im Computer und Smartphone-Zeitalter ist man schnell überfordert. Ich denke hier nur an meinen Enkel. Er ist noch ein kleiner Bub. Sein Vater suchte nach einer Information im Internet, die er aber nicht fand. Doch mein Enkel fand sie sofort. Der Vater, der wohlgemerkt mit dem Computer vertraut ist – Computer ist sein Leben –, fragte seinen Sohn: „Silas, wie hast du das denn gemacht?" Doch das konnte er ihm nicht erklären, weil es so selbstverständlich für ihn war. Aber er vollzog es! Die Jugendlichen sind heutzutage schon viel weiter! So denkst du vielleicht auch manchmal: „Wie gelang ihm das?"

Wir Christen sollen unserer Berufung gemäß würdig leben. Das, was du wissen solltest, das solltest du auch wissen. Es ist ein Aufruf, den ich hier verkündige: Lebe auf dem Level, der Christus entspricht. *„Wandelt nur würdig des Evangeliums Christi"* usw. (Siehe Phil 1,27a) Wandelt gemäß der guten Botschaft! Das Evangelium ist nicht nur eine Predigt, nicht nur Gottes Wort, sondern eine gute Nachricht! Lebe der guten Nachricht entsprechend. Lebe positiv. So lebst du anders. An einer anderen Stelle verkündigt Apostel Paulus das, was nachfolgend geschrieben steht: **Dass ihr, des Herrn würdig, ihm ganz zu Gefallen lebt und Frucht bringt in jedem guten Werk und wachst in der Erkenntnis Gottes (Kol 1,10).** Ja, lebt dem Herrn würdig. Jeder, wo auch immer er sich befindet, soll produktiv sein, und das nicht unbedingt für die Gesellschaft, sondern zunächst einmal für Gott und für sich selbst. Ich wurde einmal von einem Lehrer in der Schule schockiert. Irgendetwas passierte damals. Ich war vielleicht faul, desinteressiert oder unaufmerksam. Da steht er also da und sagt: „Johannes, du lernst nicht für die Schule. Du lernst für dein Leben." Da kapierte ich etwas: Ich lerne nicht für die Gemeinde, nicht für den lieben Gott, nicht für den Himmel, sondern für mein Leben. Das ist wichtig! Lebt dem Evangelium gemäß. Als Beispiel für ein christliches Leben wies Paulus auf sein eigenes Leben hin. Es steht geschrieben: **<u>Ihr und Gott seid Zeugen, wie heilig und gerecht und untadelig wir bei euch, den Gläubigen, gewesen sind (1 Thess 2,10).</u>** Ihr habt es gehört und gesehen. Paulus musste sich auch anstrengen, Gott gefällig zu leben. Er war ein Pharisäer, also hatte er darin schon Übung. Weißt du, als Christ musst du sogar besser sein als der Pharisäer, denn in der Heiligen Schrift steht geschrieben: „Eure" – also der Christen – „Gerechtigkeit muss besser sein als die der Schriftgelehrten und Pharisäer". Das geht aus dem Wort Gottes hervor (s. Mt 5,20). Diese sind schon fromm, heilig und super heilig. Aber unsere Gerechtigkeit sollte noch besser sein.

Wenn wir in der Gemeinschaft mit Gott leben wollen, müssen wir Kinder des Lichtes sein und uns allezeit fragen: „Wie werde ich wahrgenommen?" Wenn ich etwas sage oder schreibe, frage ich mich zunächst einmal persönlich, bevor ich es produziere und weitergebe: „Wie nimmt das Frau Müller, Herr Meier oder dieser und jener wahr? Wie versteht dieser oder jener mein Leben und meine Worte?" Ich muss versuchen, mich in die Lage meiner Zuhörer hineinzuversetzen. Ein Jesuitenpater lehrte mich einmal zufälligerweise das Predigen. Er riet mir: „Herr Matutis, predigen Sie so, wie ein zwölfjähriges Kind spricht. Wenn Sie von einem zwölfjährigen Kind verstanden werden, dann versteht Sie auch der Professor. Drücken Sie sich nicht mithilfe von Fremdwörtern aus und reden Sie auch nicht in fremden Sprachen. Reden Sie Deutsch und einfach!" Genau das ist das Leben: einfach, nicht so kompliziert und bigottisch, in kanaanäisch, der Sprache von Kanaan o. a. Wir sollen so leben, dass uns jeder Mensch verstehen kann, unabhängig davon, ob er nun gebildet oder ungebildet ist.

Wandelt im Licht! Paulus spricht hier die Worte aus, die nachfolgend geschrieben stehen: **So ermahne ich euch nun, ich, der Gefangene in dem Herrn, dass ihr der Berufung würdig lebt, mit der ihr berufen seid, in aller Demut und Sanftmut, in Geduld. Ertragt einer den andern in Liebe (Eph 4,1f.).** Paulus beschreibt hier, wie das Leben im Geist aussieht: in Demut zu wandeln. Demut ist etwas ganz Neues im Christentum. Die Religion kennt keine Demut. Wandelt in der Demut, in der Selbstverleugnung, in der Hingabe, im Gehorsam Gott gegenüber. Gehorcht nicht diesem und jenem. Frage dich immer: „Wer ist dieser oder jener, der über mir steht und der mich kontrolliert und beherrscht?" Gehorche deinem Schöpfer und gehorche deiner Schöpfung, denn Geschöpf und Schöpfung gehören zusammen. Sie sind nicht voneinander zu trennen. Was Paulus predigte und praktizierte, das lebte er. Hier werden einige Beispiele und Begriffe des christlichen Lebens dargestellt. Die erste christliche Tugend ist Demut. Dieses Wort bekam überhaupt erst bei den Christen die wahre Bedeutung! In der griechischen Sprache gab es für Demut gar kein vernünftiges Wort und keinen angemessenen Ausdruck. In der vorchristlichen, antiken Welt wurde das Wort „Demut" als Tugend nicht zur Erwähnung gebracht. Es gab nur Begriffe wie „Herrsche", denn den Griechen galt Demut als eine Eigenschaft der Unterwürfigkeit und der Kriecherei. Wenn die Griechen „Demut" ausriefen, beschrieben sie die Kriechpflanzen. Demut ist etwas ganz anderes als etwas Verabscheuungswürdiges. Es ist gar nicht etwas so Erstrebenswertes. Es ist etwas erniedrigendes Sklavisches: gemein, ehrlos, ohne Ansehen, mit einer inneren Haltung, die einer Kriechpflanze gleichkommt. Doch wahre Demut ist viel mehr, als nur eine Kriechpflanze zu sein. Das heißt, sich selbst zu überwinden. Jesus wusch Seinen Jüngern die Füße. Der Sohn Gottes, der König aller Könige, diente in aller Demut als Sklave (s. Joh 13,4f.). Erst das Christentum machte die Demut zu einer großen Tugend; ja, zu einer der größten Tugenden. Lebe anders. Lebe ein anderes Leben, ein demütiges Leben, wie es auch immer aussehen mag. Darüber gäbe es noch vieles zu sagen. Erst aus dieser Demut resultieren dann noch die anderen Tugenden des Lebens.

Auf der christlichen Demut basiert die Selbsterkenntnis „ich bin nichts“. *„Was ist der Mensch, dass du seiner gedenkst“* usw. (Siehe Ps 8,5a) Nach spätestens einhundert Jahren verlässt er diese Welt. Der Mensch besteht zu fünfundsiebzig Prozent aus Wasser. Alle anderen Substanzen, aus denen er besteht, erhältst du für zehn Euro in der Apotheke. Was ist der Mensch? Er vergeht, ist sterblich und vergänglich. Man nimmt sich so wichtig, stellt sich sogar in den Mittelpunkt und wünscht sich, dass sich alles um einen kreist. Ein stolzer Mensch will „bei jeder Hochzeit die Braut und bei jeder Beerdigung die Leiche“ sein. Er will wichtig genommen werden. Alles soll sich nur um ihn drehen. Nur der Mensch selbst kann Demut praktizieren. Das tut er, indem er sich selbstkritisch betrachtet: „Ich bin schwach!“ „Ich bin unzulänglich!“ „Ich weiß, dass ich nichts weiß, selbst wenn ich noch so klug wäre!“ „Ich bin von der Gnade Gottes abhängig!“ Das ist Demut. Wenn ich bei mir das Licht ausschalte, gehen die Lichter aus.

Jesus wandelte in Demut, anders als die Gottheiten vor Ihm. Er entäußerte sich selbst, steht in der Heiligen Schrift (s. Phil 2,7a). Jesus ist der Maßstab aller Dinge. Wir müssen uns an Ihm messen und an Ihm vergleichen. Über Ihn wissen wir nicht viel. Wir wissen nicht, ob er einen Bart hatte, langes Haar trug oder wie Sein äußeres Erscheinungsbild war. Auf alle Fälle musste Er verraten werden, weil Er ganz gewöhnlich aussah, so wie alle anderen Menschen auch. Er wurde von Judas verraten, der sagte: *„Welchen ich küssen werde, der ist's.“* (Siehe Mk 14,44a) Er sprach über sich selbst: *„Ich bin sanftmütig und von Herzen demütig“* usw. (Siehe Mt 11,29b) Das sind die Eigenschaften Jesu: Demut und Sanftmut. Gott ist vollkommen. Als der reiche Jüngling Ihn mit den Worten *„Guter Meister“* anredete, erwiderte Er: *„Was nennst du mich gut? Niemand ist gut als der eine Gott.“* (Siehe Mk 10,17f.) Aber Er war wirklich gut. Und Er wusste von keiner Sünde (2 Kor 5,21a). Dieser Vollkommenheit gerecht zu werden ist nicht nur schwierig, sondern menschlich nahezu unmöglich. Wer ist gut?

Die zweite christliche Tugend ist Sanftmut. Das wurde auch Jesus zugeschrieben. Was ist das? Es ist Milde, Barmherzigkeit und Güte. Sanftmütig ist, wer seine Triebe und Leidenschaften mäßigt und sich beherrscht. Selbstbeherrschung ist eine Tugend. Wer seine Gedanken, sein Herz, seine Zunge und seine Begierden zügeln und unter Kontrolle bringen kann, der ist recht. Das ist schwierig. Ich weiß nicht, wonach es dir gelüstet, aber meine Mutter buk Erdbeertorte mit Schlagsahne und sagte: „Ihr dürft sie nicht berühren!“ Als ich daran vorüberging, lief mir das Wasser im Mund zusammen. Ich weiß nicht, ob du so etwas schon einmal erlebt hast und daraufhin zu dir selbst sagtest: „Nein, ich rühre es nicht an. Ich nehme es nicht. Ich beherrsche mich.“ Das ist es, wovon Jesus hier spricht. Christen leben anders. Sie beherrschen sich. Sie haben sich selbst in der Gewalt. Die wenigsten Menschen haben sich selbst unter Kontrolle, ganz gleich auf welcher Ebene: beim Essen, bei der Sexualität, bei der Arbeit, bei der Freizeitgestaltung u. a. Wenn jemand anfängt, kann er nicht mehr aufhören. Meine Mutter sagte immer, dass wir mit dem Essen aufhören sollen, wenn es am besten schmeckt. Sanftmut ist genau das Gegenteil von Selbstbehauptung, Rücksichtslosigkeit oder Härte. Die Liebe ist das Größte (s. 1 Kor 13,13b sowie 1-8a). Rücksichtnahme – ja, die Liebe ist das Größte! In Stuttgart erlebte ich einmal mit, wie ein Drängler an der Ampel hupte. Der Fahrer vor ihm stieg aus seinem Fahrzeug aus, ging auf ihn zu und fragte: „Fehlt Ihnen etwas?“ Dieser Fahrer war blamiert, verstehst du? So viele Menschen sind rücksichtslos, egal auf welcher Ebene. In dem Wort „Sanftmut“ schwingt die Vorstellung von Selbstbeherrschung mit. Das hat nichts mit Schwäche zu tun. Sanftmut ist der Mittelweg zwischen Liebe, Überempfindlichkeit und Liturgie. Jesus war sanftmütig und von Herzen demütig (s. Mt 11,29b).


Die dritte christliche Tugend ist die Geduld. Alles das, was die alten Griechen nicht hatten, empfahl Paulus den Leuten in Ephesus. Geduld ist eine Geisteshaltung. Es sind Menschen, die bis zum Schluss durchhalten, dran bleiben, sich nicht erschüttern lassen, die Sache nicht hinwerfen: „Komm, nimm diesen Betel!" Nein! Jakobus schrieb Worte wie: „Geduld tut euch not" (s. Jak 5,11). Die christliche Tugend „Geduld" erwächst aus einer Geisteshaltung, aus der heraus man sich selbst nicht entmutigen lässt. „Es ist mir egal, ich bin geduldig" sowie: *„Der HERR hat's gegeben, der HERR hat's genommen: der Name des HERRN sei gepriesen!"* (Siehe Hiob 1,21b MENG) Diese Worte sprach schon der alte Hiob aus. Der Name Gottes soll gepriesen werden. „Ich lasse mich durch nichts entmutigen, weder durch Glück noch durch Unglück noch durch Leid noch durch irgendetwas anderes!" „Fehlt Ihnen etwas? Kann ich Ihnen helfen?" Denke an diese Geschichte und gib dich auch nicht vom Leiden geschlagen. Es ist so schön für einen Menschen, zu wissen, dass im Leben alles vorübergeht, sowohl das Hohe als auch das Tiefe. Asaf ging, einer Legende des Talmuds gemäß, durch den Tempelbezirk. Er war niedergeschlagen. Salomo ging darauf ein und fragte: „Asaf, du bist ein Anbetungsleiter, aber du bist so depressiv. Was ist denn mit dir los?" Salomo selbst trug einen Ring am Finger mit einer Gravur: „Alles im Leben geht einmal vorbei!" Das Hohe und das Tiefe, beides. Sei doch nicht niedergeschlagen über die Lappalien, die passiert sind gestern, vorgestern oder wann auch immer. Auch schwere Zeiten enden einmal. Jede Tugend ist von Selbstbeherrschung geprägt.

Die vierte christliche Eigenschaft ist die Liebe. Darüber schrieb Paulus. Der christliche Verfasser fand ein neues Wort für Liebe. In unserem Sprachwortschatz gibt es dafür so viele Worte: Sex, Eros, Agape und andere. Doch Apostel Paulus führte ein ganz neues Wort ein. Was bedeutet eigentlich das Wort Liebe? Er nannte es eine unüberwindliche Güte; Wohlwollen. Ich will, dass es meinem Nachbarn gutgeht. Nicht nur mir, sondern auch meinem Nachbarn soll es gutgehen. Wohlwollen ist das korrekte Wort gemäß der Übersetzung der Heiligen Schrift. Wer also liebte, der hatte stets nur das Beste für seine Mitmenschen im Sinn, unabhängig davon, wie sein Verhältnis zu den Betreffenden war, oder wie er sich ihm gegenüber verhielt. Wohlwollen zur Ehre Gottes!, und das selbst dann, wenn er sich im Unrecht befindet oder anderen Unrecht zufügt. Lass es. Irgendwann hört es einmal auf, dass er uns beleidigt oder kränkt. Behandle ihn mit Güte und Freundlichkeit, also mit Wohlwollen. Das ist heutzutage Mangelware. So war die christliche Liebe. Es war also keine große Gefühlsduselei oder Gefühlsaufwallung, wie: „Ach, ich liebe dich!", und dann passiert etwas und du kannst nicht mehr leben. Die wahre Liebe ist keine Gemütsbewegung, sondern Wohlwollen einem Menschen, dem Partner, Freund, Bruder oder auch der Schwester gegenüber. Diese christliche Liebe hat nichts mit selbstverständlicher Liebe zu tun. Die Bibel spricht von der allgemeinen Liebe. Du liebst nicht nur die, die dir sympathisch sind, sondern auch die, die dir unsympathisch sind. Du bringst allen Menschen Wohlwollen entgegen. Ich will, dass du in das Himmelreich hineinkommst. Die christliche Liebe ist eine Willenssache und keine Gefühlssache. „Ich liebe meinen Bruder", „Ich liebe meine Schwester", „Ich liebe die Menschen" usw. Eines vergesse ich nie: Damals, als ich zwar ein junger Christ, aber noch kein Prediger war, hielt ich mich in einer Gardisten-Gemeinde auf – das ist eine Gemeinde ähnlich der Baptisten –, als plötzlich ein Bruder aufstand und die folgenden Worte äußerte: „Geschwister, ich kann nur die Menschen lieben, die mir sympathisch sind." Ich würde sagen: „Pfui Teufel!" Das tut der Teufel auch. Er liebt auch nur diejenigen, die ihm sympathisch sind, die Kriecher und Schleimer. Du sollst aber auch die lieben, die bösartig sind, die wider dich rebellieren, die dir widerstehen, die dich ständig herausfordern und die dir ständig „auf die Hühneraugen treten", sodass du aufsteigst wie eine Rakete. Beginne damit, die Menschen zu lieben, die unter deiner Würde sind und die auch gar nicht mit dir einverstanden sind. Die christliche Liebe kann durch nichts erschüttert werden. Sie ist in der Ewigkeit gegründet. Wenn du den Heiligen Geist hast, ist die Liebe Gottes in dein Herz ausgegossen. Der Heilige Geist wurde dir verliehen, damit du Hinz und Kunz und Müller und Meier lieben kannst. Ein echter Christ kann unwürdige Personen lieben, selbst diese, die ihn verabscheuen. Die wahre Liebe entspringt aus dem Heiligen Geist, aus der Geisteshaltung. Man wird nicht bitter, obwohl diejenige Person einen immer provoziert. Du hast keine Rachegelüste. Du suchst immer deren Bestes, gleich dem Herrn. Er sucht auch das Beste für unser ganzes Leben. Er lässt sich nicht provozieren.

Die fünfte christliche Tugend ist Frieden. Herrlich! Christen sollen Frieden halten. Sie sollen nicht etwa nur vom Frieden reden, sondern den Frieden auch untereinander, von Mensch zu Mensch, halten. Wir brauchen einander. Du brauchst mich und ich brauche dich. Du brauchst deine Familie, du brauchst den Russen, den Chinesen und den Amerikaner! „Nein, wir distanzieren uns!" „Wir sanktionieren!" Das ist der Mensch heutzutage. Man sanktioniert. „Von dem kaufe ich kein Gas und auch kein Öl, lieber friere ich oder kaufe das teurere!" Wie auch immer. Wir sollen einander lieben. Warum? Weil wir Menschen, ganz gleich, ob Mädel oder Junge, den gleichen Vater haben; den himmlischen Vater. Deshalb beten wir auch im Vaterunser: *„Unser Vater im Himmel!"*, es ist also nicht nur der Vater des Herrn Jesus Christus (s. Mt 6,9a).

Der Schlüssel zu einem Gott wohlgefälligen Leben ist, das Ego zu kreuzigen und zu vergessen. Erst dann kann ich andere lieben. Erst dann kann ich die göttlichen Tugenden entwickeln. Solange ich noch im Mittelpunkt stehen will, meine persönlichen Gefühle suche, wie: „O, ich möchte glücklich werden", geht das nicht. Frage: „Kann ich andere überhaupt glücklich machen?, meinen Mann, meine Kinder, meine Familie, meine Frau?" Wir denken immer an unser Glück. Aber ich sage dir, wenn der andere glücklich wurde, wirst du auch glücklich. Dann schlägst du Purzelbäume! Bei Gott gibt es kein Ansehen der Person (s. 1 Sam 16,7; Röm 2,11; Apg 10,34). Durch dieses erlangte Wissen, kannst du Frieden halten. Gott kann mit mir nichts anfangen, wenn ich keinen Frieden halte. Krieg ist schnell begonnen, aber suche den Frieden und alles, was dem Frieden dient. Lieber bist du still, hältst den Mund, sagst nichts und verkraftest alles. Der Ich-Mensch macht jeden Frieden zunichte und richtet Spaltung an. Stirbt jedoch dieser Ich-Mensch, bekommt Christus das Recht. Er verbindet uns. Er ist das Wichtigste. Wichtig ist, dass der Mensch zu

Gott findet, so wie auch ich zu Gott finden will. Wir gehören zusammen. Wir sind eine Familie, wie du ja weißt. Neulich sagte jemand zu mir: „Wir sind alle irgendwo durch irgendwelche Beziehungen mit Karl dem Großen verwandt." Wir alle sind miteinander verwandt, wo auch immer wir uns befinden, denn wir alle stammen von Adam und Eva ab. Wir alle sind von der Gnade Gottes abhängig. Paulus mahnt in seinem Brief: *„Ertrage einer den andern"* usw. (Siehe Kol 3,13a) Ertrage auch den Nachbarn über dir, der immer poltert und keine Ruhe gibt. Tue alles, damit die Einigkeit im Geist durch das Band des Friedens gewahrt wird (s. Eph 4,3). Jemand beschwerte sich: „Der Nachbar über mir macht einen solchen Lärm!" Ich riet ihm, Ohropax zu kaufen und schlafen zu gehen." Er sagte daraufhin: „Aber ich fühle! Ich fühle die Schwingungen!" Ja, auch das Gefühl muss sterben. Christen sollen untereinander Einigkeit herstellen. Das ist der neue Mensch, den Gott schuf. Wir alle sind Brüder und Schwestern. Als sich die Christen damals darüber austauschten, sagten sie nicht: „Herr Matutis", sondern „Bruder soundso". Sie sprachen sich mit dem Vornamen an. Damals bekehrte sich in der großen Kirche ein Journalist der Zeitschrift „Neues Deutschland". Er fragte mich: „Herr Matutis, Sie predigen immer von diesem und jenem Apostel, der diesen und jenen Vornamen trug. Hatten diese denn eigentlich keinen Familiennamen?" Nein, weil sie, genau wie wir, Brüder waren. Wir sind nicht Familie soundso oder soundso, sondern wir sind Geschwister. In der griechischen Kultur gab es so etwas nicht.

Wir sind in der Welt und wir werden auch in der Welt bleiben, aber wir sind nicht von der Welt. Wir leben anders. Der wahre Christ lebt ein ausgeglichenes, ausgewogenes, harmonisches und ausbalanciertes Leben. So wie es die Kraft des positiven Denkens gibt, gibt es auch die Kraft des negativen Denkens. Auch das ist eine Kraft. Sage jemandem „Ich liebe dich" und er springt dir um den Hals. Sage wiederum jemandem „Ich hasse dich", „Ich mag dich nicht" oder „Ich kann dich nicht ausstehen", dann hast du gleich einen Feind mehr. Paulus sprach zu den Ephesern, was nachfolgend geschrieben steht: **Damals lebtet ihr getrennt von Christus. Ihr wart vom Volk**

**Gottes, Israel, ausgeschlossen und wusstet nichts von den Zusagen, die er ihm gegeben hatte. Euer Leben in dieser Welt war ohne Gott und ohne Hoffnung (Eph 2,12 NLB).** Er erklärte: „Damals waren wir alle von Gott fern, wir bekämpften einander, waren ohne Gott und ohne Hoffnung, wir lebten in der Sünde, in der Rebellion, einer gegen den anderen, und wir hingen nichtigen Dingen an; unser Verstand war verfinstert und wir hatten keine Ahnung vom göttlichen Leben." Genau das ist Evangelium! Du fängst an, an das wirkliche Leben zu denken und fragst dich: „Was ist das wirkliche Leben?" Weiter lese ich: **Aber nun gehört ihr Christus Jesus. Ihr wart fern von Gott, doch nun seid ihr ihm nahe durch das Blut seines Sohnes (Eph 2,13 NLB).** Er teilte ihnen mit: „Unser Herz war verstockt wie ein Stein, wir waren völlig versteift und verhärtet, wir vernahmen nichts von Gott." So waren viele fromme Menschen in Ephesus. Als Paulus in die dortige Gemeinde kam, fand er zwölf Leute beieinander sitzen, die ihm wie tot zu sein schienen. Nachdem er die Predigt abgehalten hatte, fragte er sie: *„Habt ihr den Heiligen Geist empfangen, als ihr gläubig wurdet?"* Lies einmal die Apostelgeschichte Kapitel 19. „Nein", sagten sie, „wir erfuhren nur die Taufe von Johannes dem Täufer, aber von dem Heiligen Geist haben wir bisher noch nichts gehört" (s. Apg 19,2). Es war aber schon dreißig Jahre nach dem Pfingstfest, da der Heilige Geist gefallen war (s. Apg 2,2-4). Er war also schon längst in dieser Welt! Ihr Problem waren die vielen Zauberbücher, die sie hatten! Diese mussten erst verbrannt werden. In der heidnischen und gottlosen Welt passiert nichts, solange wir noch Zauberbücher – okkulte, spiritistische und satanische Bücher – haben. Dadurch sind wir blockiert. Derzeit gelangen viele Südländer, z. B. aus Ägypten, in unser Land. Und ich spreche hier aus der Erfahrung, die ich in der Seelsorge gesammelt habe. Diese Leute gelangen nicht zu Gott. Sie sagen: „Ich verstehe Gott nicht!" oder, „Der Heiland spricht nicht zu mir!" Wenn ich sie dann jeweils frage, wo sie sich denn im Urlaub aufhielten und was sie mit nach Hause brachten – es waren nämlich Götzen und dergleichen mehr –, wachen sie auf. So viele nehmen Götzen mit nach Hause! In meiner Bibel steht: „Tut nicht gleich den Völkern, die Götzendienst betrieben" (s. 5 Mose 7,16b; 5 Mose 28,14b). Wir sind eine neue Schöpfung in Jesus Christus. Seitdem der Pergamonaltar hier bei uns errichtet wurde, hatte das deutsche Volk Probleme mit dem lieben Gott. Die Menschen riefen: „Heil!" Sie müssen sich lösen von diesen okkulten Sachen! Nachdem sie die Bücher verbrannt, die Taufe vollzogen und den Heiligen Geist empfangen hatten, kam der Segen des Herrn auf sie und das Wort Gottes breitete sich aus. Die Gefahr ist, dass die Menschen von Satan blockiert werden. Ich selbst erlebte, wie mich ein Fluch überkam: Damals besuchte mich ein Bruder aus Tschad. Eine Dolmetscherin unterstützte mich. Er war der Bruder dieser Schwester, die uns die Sprache lehrte, und er war ein Christ. Er brachte mir drei Masken. Ich hängte diese Masken bei mir zu Hause auf, doch nicht etwa ohne diesen Mann zuvor gefragt zu haben, ob sie besprochen seien. Er sagte: „Nein, diese Masken schnitzte mein Bruder." Von diesem Moment an begann unser 10-jähriger Sohn mit dem Bettnässen. Wir fanden keine Lösung. Der Arzt teilte uns mit, dass es eine psychologische Ursache haben könnte. Als wir daraufhin einen Psychologen aufsuchten, sagte er: „Herr Matutis, Sie studierten selbst Psychologie, Sie müssen es wissen!" Unser Sohn musste, um in sein Schlafzimmer zu gelangen, durch mein Büro gehen. Als ich eines Abends kniend betete und meine Augen aufschlug, bemerkte ich diese drei an der Wand hängenden Masken. Ich war schockiert! „Johannes, du betest Götzen an!", war mein erster Gedanke. Sofort nahm ich die Masken wieder ab und überlegte, ob ich sie einem Naturkundemuseum übergeben sollte. Doch ich entschied mich, sie zu entsorgen. Am anderen Morgen wartete ich auf die Müllabfuhr und die Masken verschwanden. Von diesem Moment an, hörte mein Sohn mit dem Bettnässen auf. Geistige Zusammenhänge muss man verstehen!, wie geschrieben steht, siehe hier: **Denn wir haben nicht mit Fleisch und Blut zu kämpfen, sondern mit Mächtigen und Gewaltigen, mit den Herren der Welt, die über diese Finsternis herrschen, mit den bösen Geistern unter dem Himmel (Eph 6,12).**


Das Christentum ist eine Religion der guten Tugenden. Der Gläubige hebt sich total von den Heiden und deren Kultur ab. Was die Griechen damals für normal und selbstverständlich hielten, war für die Christen Abscheu. „Das sind Götzen, die du da anbetest!" Ja, ich betete Götzen an. Ich war schockiert! Dieser Bruder aus Tschad teilte mir hoch und heilig mit, dass diese Masken rein seien. Satan versucht, Einfallstore in deine Familie zu legen. Dich lässt er vielleicht in Ruhe, aber nicht deine Kinder oder Enkelkinder. Abermals, Paulus sprach, was nachfolgend geschrieben steht: <u>Darum seid nicht ihre Mitgenossen (Eph 5,7).</u> Für Paulus war das heidnische Leben ein Leben in Finsternis. Das wahre, christliche Leben ist das Leben im Licht. Um es ganz anschaulich zu machen, sagte er, dass die Heiden „Kinder der Finsternis" sind, und die Kinder Gottes *„Kinder des Lichts"*.

Irgendwann, wenn du ganz ehrlich bist, wenn du alles ausprobiert hast, den Doktor, den Psychologen u. v. m., wenn du alle Bücher studiert hast, da du dachtest, daraus würde etwas Wichtiges hervorgehen, erst danach weist dir der Herr den Weg zur Wahrheit. Das findet zu guter Letzt statt. Paulus sprach: „Ihr lebt im Licht, nicht mehr so, wie ihr früher lebtet" (s. Eph 5,8). Kinder Gottes sind von der Finsternis befreit. Ich war so schockiert! Ich verehrte diese Masken! Ich platzierte sie in meinem Büro zwischen meinen Büchern. Im Brief an die Kolosser Kapitel 1 sprach Paulus, was nachfolgend geschrieben steht: <u>**Er hat uns errettet aus der Macht der Finsternis und hat uns versetzt in das Reich seines geliebten Sohnes, in dem wir die Erlösung haben, nämlich die Vergebung der Sünden (Kol 1,13f.).**</u> Ich tat gar nicht groß Buße, aber ich entsorgte die Masken sofort. Wir müssen nicht großartig Buße tun, bekennen und proklamieren. Löse dich und du bist heil und gesund. Als Christen leben wir unter der Gnade und unter der Vergebung. Wir haben ein ganz anderes Leben. Wir sind ein ganz anderes Volk, eine ganz andere Rasse. Wir sind nicht mehr „in der Dunkelkammer". Wir haben eine ganz andere Gesinnung. So viele Menschen befinden sich in der Dunkelheit. Ich weiß nicht, ob du dich schon einmal auf einem Jahrmarkt in einer Geisterbahn befandest. Du steigst ein, alles ist dunkel, irgendetwas berührt dich, irgendetwas streifst du, und ganz perplex trittst du aus dieser Geisterbahn wieder heraus. So sind viele Menschen. Sie führen ihr Leben und erleben währenddessen Negatives. Es passiert etwas, was sie überhaupt nicht wollten. Sie werden begrapscht. Sie werden verletzt. Sie werden komisch behandelt. Satan versucht, dir Stolpersteine in den Weg zu legen, selbst dann, wenn du ein guter und braver Christ bist. Ich war schon jahrelang Prediger, als mir das mit diesen Masken widerfuhr. Satan versucht, auf fromme Tour zu dir zu gelangen. Die Epheser waren ein heidnisches Volk. Sie waren sogar schlimme Menschen. Das galt auch für diejenigen, die in Korinth lebten. Diese Stadt befand sich nicht weit entfernt von Ephesus. „Ihr wart Knabenschänder, Räuber, Diebe, dieses und jenes, aber das Blut Jesu wusch euch rein" (s. 1 Kor 6,9-11).

Du sollst vor den Göttern keine Furcht haben. Sie können dir nichts anhaben. Sie verlangen nur Opfer: Unterwerfung. Unterwirf dich ihnen nicht! Ich kniete auch noch vor den Masken. Stell dir das einmal vor! Normalerweise kniete ich nicht unterhalb der Gemeinde, aber in diesem Augenblick tat ich es doch. Und da waren diese drei Masken! So machte Gott es mir bewusst. Wir sollen befreit von Ängsten, Belastungen und sämtlichen Bedrückungen sein und wiederhergestellt werden zu normalen und gesunden Menschen. Beim Beten ging mir dann „ein Licht auf". Der Herr nahm sich der Epheser an. Sie ließen sich taufen, verbrannten die Zauberbücher und begannen ein neues Leben. Nachdem das alles stattgefunden hatte, musste Paulus die Stadt verlassen. Zuvor war alles ruhig. Es gab keinen Aufstand. Plötzlich: *„Groß ist die Diana!"* bzw. die Artemis (s. Apg 19,34), diese Fruchtbarkeitsgöttin. Er musste die Stadt verlassen, obwohl er niemandem etwas getan hatte. Er gebot nur: „Verbrennt diese Bücher!" Hier in Berlin trug eine Frau zwei Tragetaschen, die mit Büchern gefüllt waren. Sie stand auf dem Winterfeldtplatz und fragte irgendwen, wo sie denn diese Bücher abgeben könne. Als sie das Gespräch beendet hatte, stellte sie fest, dass sie jemand gestohlen hatte. Auch Gott greift mitunter ein und hilft, dass eine solche Entsorgung stattfindet. *„Groß ist die Diana!"* Von wegen!

Abermals, Paulus sprach, was nachfolgend geschrieben steht: <u>Denn ihr wart früher</u>

Finsternis; nun aber seid ihr Licht in dem Herrn. Wandelt als Kinder des Lichts (Eph 5,8). Er sprach Worte wie „Jetzt lebt ihr ein anderes Leben, ein offenes und ehrliches. Man kann euch beobachten. Ihr seid wie ein offener Brief, für jedermann lesbar."

Grundsätzlich gilt: Wiedergeborene Christen leben eine andere Art von Leben. „Anders leben", so lautet mein heutiges Thema. Du bist anders ausgerichtet, anders eingestellt. Dein Leben verläuft glücklich. Vielleicht hast du nicht viel, aber du hast Jesus im Herzen, Frieden und Freude. Du hast keine Furcht mehr. Deine Verletzungen heilen. Gestern sprach ich über Verletzung durch Ablehnung *(s. Predigt: „Verletzt durch Ablehnung" vom 16.08.2024)*. Ja, so viele Menschen sind verletzt durch Ablehnung! Eines Tages werden wir diese Welt verlassen und umziehen vom Diesseits ins Jenseits. Dann brauchen wir diesen ganzen Ballast nicht mehr. Paulus verkündigte, was nachfolgend geschrieben steht: **Prüft, was dem Herrn wohlgefällig ist, und habt nicht Gemeinschaft mit den unfruchtbaren Werken der Finsternis; deckt sie vielmehr auf (Eph 5,10f.).** „Ich möchte wissen, wie diese Menschen den Herrn angebetet haben." Nein! Versündige dich nicht! Lass dich nicht mit in diesen Sog hineinziehen!

Du vernahmst den Ruf des Evangeliums heute Abend. Wandelt wie Kinder des Lichts, gleich der Erleuchteten! Erleuchtet-Sein bedeutet das Folgende: „Ich habe es aus erster Hand und nicht nur vom Hörensagen (s. Hiob 42,5), weil es mir Herr Matutis mitteilte! Ich vernahm und erfuhr es selbst durch den Heiligen Geist!" Wisse, dass du ein Ebenbild Gottes bist und lasse dich nicht verstümmeln. Bleibe ein Original. Das ist meine Botschaft. Lebe anders. Lebe im Licht Gottes, dann lebst du gesund, richtig und bleibst „auf der richtigen Spur". Dann kannst du vor Gott bestehen. Du kannst gerade jetzt in die Ewigkeit gehen, die Augen schließen und sagen: *„Ich weiß, dass mein Erlöser lebt"*. (Siehe Hiob 19,25a) Lebe anders. Lebe nach der Regel Gottes. Lass Jesus dein Modell sein. Jesus kannst du nicht werden, aber dich an Ihm orientieren. Er soll dir ein Beispiel sein. Betrachte, wie Er Seinen

Jüngern die Füße wusch. Er sprach die Worte aus, die nachfolgend geschrieben stehen: **Denn ein Beispiel habe ich euch gegeben, damit ihr tut, wie ich euch getan habe (Joh 13,15).**

**Gebet:** Lieber Heiland, wir wollen anders sein als unsere Zeitgenossen. Wir wollen uns abheben von den anderen. Wir wollen nicht besser sein – denn das sind wir auch nicht –, aber wir wollen dem Image Jesu ähneln. Jesus, wir wollen Dein Vorbild erreichen. Was Du erreicht hast, können auch wir erreichen und dorthin gelangen, wo Du jetzt bist. Wir wollen ein Leben anderer Art leben. Wir wollen göttlich und Gott wohlgefällig sein. Möge Dein Heiliger Geist uns Kraft und Gnade schenken, damit wir in Deiner Liebe leuchten und strahlen. Amen

HINWEISE zur QUELLENANGABE

Die von mir verwendete Literatur:

Lange Bibelwerk, 1873 Leipzig. Die Schriften des Alten und Neuen Testaments erklärt und übersetzt für die Gegenwart. 1925 Göttingen, Vandenhoeck & Ruprecht. Außerdem Otto von Gerlach, Altes und Neues Testament (Anmerkungen) 1893 Leipzig (J. E. Heinrichs'sche Buchhandlung) und mein eigenes Archiv.

ANMERKUNG

Die meisten Schriftstellen sind der Lutherbibel entnommen, nur einige wenige nicht. Beachten Sie dazu bitte die nachfolgenden weiterführenden Hinweise.

Vergleichbare in diesem Buch aufgeführte Übersetzungen sind:

EU          Einheitsübersetzung 2016

NLB         Neues Leben Bibel

SLT         Schlachter 2000

NeÜ         Neue evangelistische Übersetzung

HFA         Hoffnung für alle

MENG        Menge Bibel

GNB         Gute Nachricht Bibel 2018

NGÜ         Neue Genfer Übersetzung

LITERATUREMPFEHLUNG

Weitere Einblicke:

**Gemeindebibelschule**

Band 1

ISBN: 978-3-8416-0122-3

Seitenzahl: 332

Herausgabe: 07.10.2011

Band 2

ISBN: 978-613-8-37838-9

Seitenzahl: 312

Herausgabe: 15.05.2024

Band 3

ISBN: 978-613-8-37909-6

Seitenzahl: 304

Herausgabe: 26.09.2024

Band 4

ISBN: 978-620-2-44004-2

Seitenzahl: 284

Herausgabe: 06.02.2025

**Predigtsammlung**

### Band 1

ISBN: 978-613-8-35336-2

Seitenzahl: 96

Herausgabe: 09.03.2023

### Band 2

ISBN: 978-613-8-37845-7

Seitenzahl: 108

Herausgabe: 25.06.2024

### Band 3

ISBN: 978-613-8-37873-0

Seitenzahl: 96

Herausgabe: 31.07.2024

### Band 4

ISBN: 978-613-8-37884-6

Seitenzahl: 88

Herausgabe: 16.08.2024

### Band 5

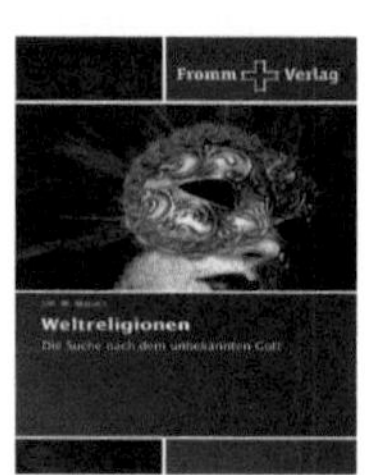

ISBN: 978-613-8-37886-0

Seitenzahl: 104

Herausgabe: 29.10.2024

### Band 6

ISBN: 978-3-8416-0649-5

Seitenzahl: 100

Herausgabe: 05.12.2024

Printed by Books on Demand GmbH, Norderstedt / Germany